윌리엄 캐리
이교도 선교방법론

**이교도 개종방법을 모색하는
그리스도인의 책임에 관한 연구**

이교도 선교 방법론

• 변창욱 옮김 •

William Carey

YAS MEDIA 야스

William Carey
(1761-1834)

예수님은 이 땅에 첫 선교사로 오셨다. 첫 선교사가 오신 목적은 '자기의 목숨을 많은 사람의 대속물'로 주기 위함이었다. 예수님은 승천하시면서 '모든 족속에게 복음을 전하고, 제자를 삼으라'고 분부하셨다. 바울은 첫 선교사 예수님을 뒤이어 선교에 헌신했고, 당당하게 '증인' 곧 '순교자'의 길을 걸어갔다. 윌리엄 캐리는 첫 선교사 예수님의 마지막 부탁, 즉 선교 대위임령을 지금도 순종해야 할 주님의 명령으로 믿고 1793년 이교도들의 중심지 인도 선교사로 갔다.

캐리는 학문적인 훈련이나 체계적인 학교 공교육을 받지 못했지만, 선교적 통찰력과 멀리 바라보는 안목과 시대를 꿰뚫어 보는 눈이 뛰어났다. 그는 선교사로 떠나기 전에 철저하게 준비했다. 캐리가 쓴 선교 소책자 『이교도 선교방법론』은 그가 41년간 선교사로 사역하면서 연구한 결과로 나온 것이 아니라, 선교사로 파송 받기 전에 한 번도 가보지도 못한 인도를 생각하면서 쓴 것이다.

캐리는 1792년 5월 영국 노팅햄의 침례교 교역자 모임에서 이사야 54장 2-3절, "네 장막터를 넓히며 네 처소의 휘장을 아끼지 말고 널리 펴되 너의 줄을 길게 하며 너의 말뚝을 견고히 할지어다."는 본문으로 설교했다. 이 설교에서 캐리는 두 가지 위대한 선교 원칙을 제시했다.

"Expect great things from God!
Attempt great things for God!"
"하나님께로부터 위대한 일을 기대하라!
하나님을 위해 위대한 일을 시도하라!"

캐리는 '기대(Expect)'와 '시도(Attempt)'를 제시함으로써 잠자던 영국 교회를 일깨웠으며, 이는 교회의 선교적 잠재력을 폭발시키는 기폭제가 되었다. 캐리는 그 선교 원칙을 따라 하나님께로부터 위대한 일을 기대하며 하나님을 위해 위대한 일을 시도하기 위해 선교사로 떠났다. 그를 돕기 위해 영국 침례교 선교회(Baptist Missionary Society)가 결성되었고 개신교 선교운동이 본격화되었다.

캐리의 두 번째 선교문서는 세람포어 선교회의 『선교 협약문』이다. 1800년 윌리엄 캐리(William Carey), 조수아 마쉬맨(Joshua Marshman), 윌리엄 워드(William Ward) 세 사람은 '세람포어 삼총사'(Trio)라 불릴 만큼 친근한 동역자였으며 '세람포어 선교회'(Serampore Mission)를 시작했다. 세람포어 선교 협약문은 1800년과 1805년에 합의한 협약 내용인데 본서의 부록으로 첨부했다. 이 선교 협약문은 아래와 같이 다양한 선교 방법을 채택했다.

① 가능한 모든 방법을 동원하여 복음을 전파하며,

② 현지 언어로 번역된 성경을 보급하며,

③ 가능한 한 빠른 시기 내에 현지 교회를 설립하며,

④ 현지인의 문화와 사상체계를 깊이 연구하며,

⑤ 가능한 빠른 시기에 현지인 교역자를 양성한다.

 선교역사의 고전으로 알려진 윌리엄 캐리의 두 가지 선교문서를 변창욱 교수가 우리말로 번역하는 놀라운 일을 해냈다. 본인의 제자인 그는 선교역사를 연구하여 학위(Ph.D.)를 받고 선교현장에서 선교사의 삶과 사역을 경험한 후, 장로회신학대학교 선교학과에서 선교운동사를 가르치고 있다. 그는 근대 개신교 선교역사에서 최초로 아시아 선교의 빗장을 열고 해안선 선교시대의 뱃길을 내었던 윌리엄 캐리를 한국교회에 소개한다.

 번역은 단순히 단어 하나하나의 의미를 우리말로 옮기는 것만으로 되는 것이 아니라, 풍부한 배경지식을 바탕으로 당시 신학적 상황을 잘 담아내야만 원문의 뜻이 정확하게 전달될 수 있다. 독자들의 이해를 돕기 위해 역자는 당시의 역사적 · 신학적 문제와 상황에 관하여 다양한 설명을 역주에 부연하였다.

 변창욱 교수가 번역한 두 문서는 『이교도 선교 방법론』(An Enquiry into the Obligations of Christians to Use Means for the Conversion of the Heathens, 1792)과 세람포어 선교회의 『선교협약문』(1805)이다. 선교역사 전문가인 스티븐 닐(Stephen Neill)과 랄프 윈터(Ralph Winter) 박사는 캐리의 『이교도 선교방법론』이 발간된 1792년을 개신교 선교시대를 여

는 분기점이라고 평가했다. 캐리는 근대 기독교 선교운동의 커다란 한 획을 그었던 선교사였다. 그는 단순히 선교 소논문을 저술한 탁상공론형의 학자가 아니었다. 그는 '네가 가라'는 주님의 선교 명령에 순종하여 직접 선교 현장에 가서 선교의 긴박성을 새롭게 일깨워 준 근대 선교운동의 선구자가 되었다.

1793년 캐리는 32세의 젊은 나이에 인도 선교사로 가서 하나님의 부르심을 받는 1834년까지 41년 동안 본국(영국)에 한 번도 돌아오지 않고 선교지에서 헌신하다가 인도 땅에 묻혔다. 그토록 이른 시기에 캐리가 위대한 세계선교를 꿈꾸며 하나님으로부터 기대하고 시도했다는 사실이 정말 놀랍다. 캐리의 선교 열정과 헌신이 현장 선교사들과 한국교회에 위대한 선교의 원칙과 방법을 제시해 줌으로써 올바른 선교를 할 수 있도록 돕는 선한 길잡이가 되어 주기를 바란다.

이 광 순 박사
The Light Mission 이사장

　월리엄 캐리 『이교도 선교방법론』의 한국어 번역은 기념할만한 사건이다. 1792년에 출판된 캐리의 짧은 글은 성경을 제외하고 현대 개신교 선교운동의 역사에서 가장 영향력 있는 소논문 중 하나일 것이다. 『이교도 선교방법론』은 역사 속에서 거대한 변화는 조직화된 교회의 중심에서가 아니라, 교회 주변부에서 일어난 작고 소외된 사건에 의해 얼마나 자주 발생했는지를 보여 주는 본보기이다. 마침내 변창욱 박사가 『이교도 선교방법론』을 한국어로 번역한 것은 축하해야 할 일이다.

　『이교도 선교방법론』은 "이교도 개종방법을 모색하는 기독교인의 책임에 관한 연구: 세계 각국의 현재 종교 상황과 과거 선교가 거둔 성공과 미래의 선교가 시행해야 할 실제적인 논의"라는 긴 제목이 딸린 단지 87쪽 분량의 선교 소책자이다. 파트타임 침례교 설교자이며 구두수선공이었던 캐리는 영국 성공회가 압도적인 곳에서 이에 반대하는 20여 명의 비국교도 침례교 목회자들을 위해 이 책을 저술했다. 캐리는 이 책에서 자신이 제시한 논증과 선교 통계가 향후 200년 동안 개신교의 전세계적 확장이라는 중차대한 역사 속에서 얼마나 폭발적인 영향력을 끼치게 될지를 꿈에도 생각지 못했다.

'폭발적'이라는 단어는 아마도 적절치 않은 표현일지도 모른다. 역사적으로, 가장 주변적인 모델이 조직적인 교회 중심의 주의를 끌기 위해서는 시간이 필요하다. 캐리는 결코 선교모델이 되려고 가장하지 않았고 오히려 그는 선구자였다. 그는 도화선이 된 이 소책자를 출판했고, 근대 선교의 도화선에 불을 지폈다. 캐리는 '하나님으로부터 위대한 일을 기대하라. 그리고 하나님을 위해 위대한 일을 시도하라.'(Expect great things from God. Attempt great things for God.)는 감동적인 두 가지 요점의 설교를 했다. 그 후 그는 하나님을 신뢰하고 기대할 뿐만 아니라 행동함으로써 자신의 신앙과 실천을 일치시키며 외친 말씀대로 나아갔다. 후속조치로서 그는 친구들과 함께 선교회를 조직하고 선교사를 모집하기 시작했는데, 무엇보다 중요한 것은 그가 그들과 함께 선교지로 나갔다는 사실이다.

『이교도 선교방법론』에서 캐리가 보여준 논증은 성경에 기초하고 있으며, 성경을 깊이 묵상하여 전개되었기에 항상 잠재적인 폭발력을 가지고 있다. 캐리는 긴 제목 다음의 안표지에 "전파하는 자가 없이 어찌 들으리요. 보내심을 받지 아니하였으면 어찌 전파하리요"라는 사도 바울의 유명한 구절을 인용함으로써 질문을 이끌어 내고 있다. 그러고 나서 캐리는 1부에서 그 질문에 답하기 시작한다. 2-5부에서 그는 단순한 질문을 중심으로 본인의 주장을 펼친다. 예수님이 제자들에게 "모든 족속에게 가서 복음을 전하라"고 명령하신지 1,800여년이나 지났음에도 불구하고 왜 아직도 복음을 듣지 못한 이들이 전 세계 인구의 4분의 3이나 되는가?

일관되고 설득력 있는 기독교 선교와 복음 전도에 대한 캐리의 주장은 230년 전뿐만 아니라 오늘날에도 타당하다. 그 때와 같이 세계선교에 대한 비판도 지속되고 있다.

"선교의 시대는 지나갔다."
"선교의 장애물이 너무 많다."
"자국 내에서도 할 일이 너무 많다."

그러나 캐리의 대답은 단순하고 신중하고 간결하다. 그리고 그의 응답은 간략하게 압축될 수 있다. 선교 대위임령은 폐지되지 않았다. 선교의 장애물은 극복될 수 없는 것이 아니다. 이미 교회가 세워진 국내에만 교회의 증거를 제한하는 것은 기독교답지 않게 이기적인 것이다.

과거 선교사의 노력을 고찰한 2장은 그 자체로 근대 개신교선교 초기에 해외 선교가 어떠했는가를 보여 주는 좋은 교훈이 된다. 그러나 3장에서는 23쪽 분량의 세계선교 정보에 대한 통계가 나오는데 그것은 그의 주장과 도전을 뒷받침해주는 매우 귀중하고 중요한 기초를 제공한다. 그 통계는 전체 책의 1/4 이상을 차지한다. 캐리는 세계 인구를 7억 3천1백만 명으로 추정했고, 그 가운데 절반 이상인 4억 2천(57%) 명을 이교도로 추정했다. 단지 24%만이 기독교인(그 중에 로마 가톨릭 14%, 개신교 6%, 정교회 4%)이었다. 캐리는 무슬림 18%, 유대인 1%로 보았다.

과학기술이 발전한 시대를 살아가는 우리보다 훨씬 적은 정보원을 가지고 보잘 것 없는 구두 수선공이었던 캐리가 여전히 찬사를 받고 있는 이유는 바로 통계의 놀랄 만한 정확성 때문이다. 최근 유명한 교회 역사 통계학자 데이빗 바렛(David Barrett)은 캐리의 소책자에 감탄을 표했다. 바렛은 자신의 934페이지에 달하는 방대한 책 『세계선교의 최신 동향』(World Christian Trends, A.D. 30-2200)에서 『이교도 선교방법론』은 '세계 최초로 전세계의 모든 나라의 기독교와 모든 주요 종교의 상세한 통계학적 조사'라고 평가했다.

선교학의 전 과정은 『이교도 선교방법론』을 근간으로 세워질 수 있다. 첫째 캐리의 1800년 이전의 선교역사, 둘째 인도에 가기 전의 캐리의 삶과 사역, 셋째 1792년 캐리의 통계와 2021년 선교통계의 비교, 넷째 1793년 인도로 가기 전 캐리가 제안했던 선교방법과 그와 동료선교사들이 인도에서 실제로 여러 해 동안 사역한 후에 제안한 선교방법이 어떻게 변해왔는가의 비교, 다섯째로 1834년 캐리 사망 이후 그의 생애와 선교 방법이 여러 세대를 걸쳐 어떻게 평가 받았는가 이다.

변창욱 박사의 번역은 이중으로 중요한 역할을 한다. 『이교도 선교방법론』의 번역은 한국에서 절대적으로 필요한 일인데, 그 이유는 한국 선교사들을 통한 전 세계의 선교 운동을 강화시킬 것이기 때문이다. 성장하고 있는 전 세계 기독교의 중심은 더 이상 노쇠한 서구 기독교 제국이 아니다. 비록 한국은 작은 나라이지만 지금 미국에 이어 세계 제2위의 선교사 파송국이 되었다. 새로운 선교를 시작하기 위한 캐리의 개척자적인 서술은 우리가 지금 알고 있는 몇몇 결과와 더불어 선교의 새로운 시대를 위한 중요한 도구가 될 것이다. 선교 주변부가 이제 중심부가 되었다.

변창욱 박사가 역사적으로 중요하며 현재까지도 의미있는 책을 훌륭하게 번역하여 출판한 것 때문에 나는 너무 기쁘다. 그는 이 번역을 위한 적임자이다. 그는 캐리의 두 가지 설교 요점인 '기대'와 '시도' 또는 신앙과 실천의 두 특성을 모두 지니고 있기 때문이다. 그는 한국에서 태어났고 장신대 신대원을 거쳐 미국 프린스턴 신학대학원에서 박사 학위를 받았다. 그 후 가족과 함께 필리핀에 선교사로 가서 신학교에서 가르쳤다. 더욱 중요한 것은 그가 선교를 위해서 개종방법을 모색하는 기독교인의 책임이 여전히 긴급하고 끝나지 않는 의무(obligation)라고 믿고 있다는 점이다. 캐리의 『이교도 선교방법론』과 번역자에 대한 찬사를 넘어서서 이 책이 더 많은 언어로 번역되어 출판되기를 바란다.

마 삼 락
(Samuel Hugh Moffett)

장신대 협동학장
전 중국 · 한국 선교사
전 프린스턴 신학대학원 선교학 교수

교회사를 회고해 보면, 선교운동의 큰 흐름을 변화시키거나 지대한 영향을 준 글이나 사건이 있어왔다. 신약시대에 들어와서 가장 큰 사건을 들라면 두말할 나위 없이 오순절 사건일 것이다. 하나님은 구약 시대에 공들여 선교를 준비하셨다가 신약에 와서 선교를 실천해 나가셨다. 이로써 구심적인 선교방법에서 원심적인 선교방법으로 전환되는 전례없는 계기가 마련되었다. 신약의 안디옥 교회가 바울과 바나바 선교팀에게 안수하여 선교사로 파송한 것은 자신들이 알고 있던 지역적, 개척 범위를 뛰어넘어 새로운 지역에 침투해 들어가는 사건이었다. 이와 같은 사건은 단순히 하나의 사건으로 그치지 않고 소위 선교의 경계선(frontier)을 넘는 행위였다고 볼 수 있다.

중세에 있었던 종교개혁도 엄청난 사건이었다. 이 개혁 운동을 통해서 그동안 가려 있던 복음이 다시 드러나기 시작했고, 선교의 기초를 신학적으로 마련하는데 매우 중요한 역할을 했다. 종교개혁기의 선교에 있어 아쉬운 것은 그 다음 세대에 이를 토대로 사도행전 13장처럼 선교를 통해 복음이 널리 확장되어 나가지 못한 점이다. 그 후 몇 개의 징검다리 사건을 거쳐서 마침내 윌리엄 캐리 때에 이르러 근대 선교운동이 태동되었다. 그 중간에는 경건주의 운동(Pia Desideria, 경건한 소원)을 통해 종교개혁이 마련해 놓은 선교의 화로에 불씨를 지피는 일이 있었다. 모라비안 교도들은 1727년 부흥운동을 경험한 후에 1732년부터 선교사를 파송하기 시작하였다.

이런 여러 시도는 윌리엄 캐리의 『이교도 선교방법론』(An Enquiry into the Obligations of Christians To Use Means for the Conversion of the Heathens, 1792) 뇌관을 통하여 폭발하였다. 윌리엄 캐리는 방법론으로 봤을 때 현대 선교학이 지향하고 있는 거의 모든 것을 다 다루었다고 생각한다. 그는 하나님 말씀과 이를 통한 복음 전파의 중요성을 강조한다. 또한 그 동안 추진되었던 선교역사를 소상히 기록하고 있다. 이어서 그는 이교도 개종을 위해서 그가 알고 있던 모든 정보를 수집하고 선교도구와 방법을 사용하였다. 이를 토대로 그는 오늘날의 교회에 부과된 선교적인 의무를 아무도 피할 수 없도록 논리 정연하고도 설득력 있게 압박하고 있다.

거기에 그치지 않고 그는 구체적인 선교방법까지 제시하는데, 소위 '선교회'(mission society) 방식의 선교를 제안했다. 그는 선교에 소극적이던 교회를 움직이기에는 너무나 큰 장벽을 넘어야 했다. 당시 선교를 가로막고 있던 상황적 요인, 즉 선교지의 거리가 너무 멀다거나 현지어 습득 등 교회가 선교하기에는 너무 많은 어려움에 직면해 있었다. 따라서 전문적인 선교 구조를 통해 선교하는 것이 가장 합리적이라고 보았다. 이처럼 18세기 말에 윌리엄 캐리는 이 모든 상황을 꿰뚫어 보고 있었다. 하나님이 주신 놀라운 통찰력이 아닐 수 없다. 많은 현대 교회들도 이처럼 체계적이며 성서적이고 선교학적인 방법을 이해하지 못할 뿐만 아니라 환영하지도 못했을 것이다.

　캐리의 선교사상이 담긴 『이교도 선교방법론』을 출판하여 늦게나마 한국 교계에 도전하는 것은 실로 귀중한 일이다. 이 선교 소논문이 많은 교회를 깨우치고, 신학도와 선교사들에게 신선한 충격을 주리라 믿어 의심치 않는다. 이 책을 정성껏 번역한 변창욱 교수님에게 큰 사의를 표하며 한국교회가 이 책을 널리 활용할 수 있기를 진심으로 추천한다.

이 태 웅 박사
한국선교훈련원(GMTC) 초대 원장
글로벌리더십포커스(GLF) 원장

선교에 관심이 있는 사람이라면 윌리엄 캐리(William Carey)에 대해 한 번쯤은 들어봤을 것이다. 그는 근대 개신교 선교운동의 아이콘(icon)이다. 1980년대에 한국교회 선교운동이 활발히 일어나면서 많은 그리스도인 청년들이 "하나님께로부터 위대한 일을 기대하라!"는 그의 선포에 마음이 격동되었고, 그의 모범을 따라 "하나님을 위해 위대한 일을 시도"하기 위해 전 세계로 나아갔다.

현시점에서 한국 선교계는 지난 40여 년 동안의 한국선교운동을 성찰하는 시간을 갖고 있다. 20세기 말에서 21세기로의 전환은 세계적으로 엄청난 변화가 일어난 시기였고, 선교환경도 많이 바뀌었다. 한국교회는 19세기 서구교회의 선교개념과 정신을 이어받아 20세기말 세계복음화의 대열에 합류했다는 사실을 인식할 필요가 있다. 이제 세계는 캐리 시절처럼 기독교 세계(Christendom)와 비기독교 세계(Non-Christian World)로 구분되지 않을 뿐더러, 그를 파송했던 영국은 세계 어느 지역보다 '이교도'(pagan)들로 가득 찬 선교지가 되었다.

윌리엄 캐리의 『이교도 선교방법론』이 출간된 지 오랜 시간이 지났음에도 불구하고, 여전히 읽을 필요가 있는 것은 다음과 같은 이유에서이다.

첫째, 현재의 선교가 과거 어떠한 발전과정을 거쳐 여기에 이르렀고, 미래의 선교는 어떤 방향으로 진행될 것인지를 가늠해 보기 위해서이다. 이 책을 읽다보면 우리가 기존에 가졌던 선교개념이 어떤 배경과 근거에서 형성된 것이며, 어떤 필요를 채우기 위해, 어떤 선교방법을 사용했는지를 파악할 수 있다. 변화된 선교 상황은 무엇이고, 현재와 미래의 선교를 위해 고수해야할 것과 변화되어야 할 것은 무엇인지에 대한 통찰을 얻을 수 있다.

둘째, 타문화권 사역을 감당할 선교사들이 여전히 중요하다는 사실을 깨닫게 된다. 현재 선교의 강조점이 선교 명령(마 28:19-20)에 대한 인간의 순종보다 삼위일체 하나님의 선교(missio Dei)에 우리가 참여하는 것으로 옮겨졌다. '60년대 이후 전통적인 직업 선교사를 식민지 시대의 유물로 간주하고, 해외선교를 시대착오적 산물로 폄하하고, 선교사를 냉대하고, 선교구조를 해체한 에큐메니칼 선교에서는 선교열정과 투자가 급속하게 약화되고, 교회는 냉랭해졌다. 전(全)교회에 주어진 사도적 소명을 활성화시키기 위해서라도 선교사의 직무를 신중하게 보존할 필요가 있다는 주장이 다시 고개를 드는 이유이다. 교회가 선교적 존재로 계속 성숙하기 위해서 선교사 존재를 재고(Re-thinking)해야 할 필요성이 있음을 이 책은 우리에게 도전한다.

셋째, 선교사 캐리의 열정과 사역의 모범은 여전히 많은 영감을 불러일으키기 때문이다. 코로나-19 팬데믹 사태로 인해 교회의 선교사 지원은 약화되고, 선교사 파송 무용론까지 대두될 것으로 예측된다. 한동안 많은 교회들이 단기선교여행을 선교를 대체하는 활동으로 간주했다. 하지만 타문화와 언어를 익히고 현지인과 깊은 관계를 맺는 가운데 말과 행위로 복음을 전하며, 선교지에 토착적 기독교 공동체를 세우는 일에 장기적으로 헌신하는 전문성 있는 선교사를 완전히 대체하는 선교전략이나 방안은 과거에도, 앞으로도 없을 것이라는 것을 이책을 통해 깨닫게 될 것이다.

변창욱 교수의 탁월한 번역과 친절한 각주 해설이 『이교도 선교방법론』에 대한 올바른 이해와 읽는 즐거움을 더해준다. 21세기 상황 속에서 문화와 불신의 경계선을 넘어 모든 족속을 예수 그리스도의 제자로 삼기 위해 힘쓰는 선교사들에게 이 책이 많은 영감과 격려를 불러일으키리라 믿는다.

변 진 석 박사
한국선교훈련원(GMTC) 원장

윌리엄 캐리(1761-1834)에 대한 관심은 장신대 신대원 시절 서정운 교수님의 '선교사 인물 연구' 시간에 캐리에 대한 발제를 준비하면서 생겨나기 시작했다. 그후 1989년 1월 이광순 교수님 지도로 한 달간 '인도 선교현장 연구와 실습'을 다니면서 캐리에 대한 관심이 증폭되었다. 이후 미국 프린스턴 신학대학원 유학 시절(박사과정) 세미나 시간에 시에라리온(Sierra Leon) 선교사(1957-62) 출신의 세계적인 선교학자 영국의 앤드루 월스(Andrew Walls, 1928-) 교수님과 함께 캐리의 『이교도 선교방법론』의 원문을 직접 읽고 토의하면서 '근대 개신교 선교운동의 아버지'라 불리는 캐리의 선교사상과 방법에 대해 더 깊이 알게 되었다.

캐리의 『이교도 선교방법론』을 읽는 사람은 다음과 같은 사실에 놀라게 된다. 첫째, 학교 교육을 거의 받지 못한 캐리가 어떻게 전 세계에 대한 방대한 선교 정보와 통계를 조사하고 제공할 수 있었을까? 하고 감탄한다. 둘째, 해외 선교를 할 필요가 없다는 극단적 예정론(hyper-Calvinism)에 사로잡혀 있던 당시 개신교회를 일깨워 선교에 참여하도록 설득하는 캐리의 명쾌한 선교적 논증에 감복한다. 셋째, 캐리는 지나간 선교 역사를 개관한 후, 교파별로 조직된 해외 선교부를 통한 선

교 등 실제적인 선교 방법(means)을 제안한다. 또한 선교를 위한 '기도
합주회'(Concert of Prayer)를 강조하며, 선교비 모금에 대한 구체적인 방
법까지 제시한다. 넷째, 캐리는 주님의 복음 전파 명령은 아직까지 취
소되지 않은 선교 명령으로서 모든 지상의 교회가 순종해야 할 책임
(obligation)이라고 믿었다.

인도에 가기 전부터 노예무역 폐지를 주창했던 캐리는 인도 선교사
로서 교회 설립, 성서 번역, 사회 악습 철폐, 교육 사업 등 통전적 선
교(holistic mission)를 전개했다. 또한 동역(partnership) 선교, 현지어
(vernacular)를 매개체로 하는 미션스쿨, 현지교회 리더십 양육과 토착
전도인의 효율성을 강조하는 등 시대를 앞서가는 선교이론가였다. 이
로써 그는 선교의 '위대한 세기'(the Great Century)인 19세기가 전개될 수
있는 발판을 마련했다. 캐리는 복음 전파를 통한 개인의 영혼구원뿐 아
니라, 유아 살해, 과부 화장제(sati) 폐지에 앞장 서는 등 광범위한 사회
개혁에도 온갖 노력을 기울여 인도의 근대화의 기반을 마련해주었다.
1793년 인도에 간 이후 영국 땅을 다시 밟지 않고 1834년 사망할 때까
지 안식년도 없이 41년간 주님이 붙여주신 선교지 인도를 품고 살다가
웨스트민스터 사원이 아닌 캘커타 부근의 덴마크 식민지 세람포어에
그의 뼈를 묻었다. 이러한 캐리의 노고를 치하하여 1993년 인도 정부는
캐리의 인도 도착 200주년을 기념하는 우표를 발행하기까지 했다.

캐리의 영어 문장은 길고 난해할 뿐 아니라, 당시 시대적 상황을 모
르면 이해하기 어려운 부분이 많기 때문에 많은 해설과 소제목을 붙여
원문의 문맥적 의미를 쉽게 파악하도록 했다. 또한 캐리가 1800년 덴마
크 영(領) 세람포어로 사역지를 옮기면서 설립한 세람포어 선교회의 세

람포어 트리오(Serampore Trio)의 『선교 협약문』을 번역하여 첨부했다. 『이교도 선교 방법론』이 캐리가 선교지에 가기 전에 저술한 것이기 때문에, 캐리가 선교지에서 10여 년 선교를 경험한 후 공동체(협력) 사역을 하면서 결의한 『선교 협약문』은 캐리의 생각이 선교지에서 어떻게 변했는가를 엿볼 수 있는 중요한 자료이다.

대학 시절 네비게이토 선교회(Navigators)에서 신앙훈련을 받고 1980년 여의도 광장('세계복음화대성회')에서 서원을 하고, 박사학위 취득 후 선교사로 나가 마닐라 장로회신학대학교(Manila Presbyterian Theological Seminary)에서 사역하면서 틈틈이 번역한 캐리의 선교 소논문이 절판되어 꼼꼼한 수정작업을 거쳐 인쇄한다. 한국 교회가 캐리의 선교 이론과 균형 잡힌 선교 실천을 본받아 다시 한 번 사회로부터 칭송받는 교회가 되기를 소원한다.

2017년 1월 방문했던 인도 세람포어(Serampore)에 묻혀 있는 영국 침례교 선교사 윌리엄 캐리의 묘비에 새겨진 글귀가 여전히 생생하게 남아있다.

> "비천하고 가난하며 벌레같이 보잘 것 없는 자가
> 주의 친절한 팔에 안겨 있습니다."
> – 1834년 6월 9일 –

광나루 교수사택에서

변 창 욱

자료 사진

**

다음 사진 중 일부는
미국 남침례교 역사 자료실(Archives)과
윌리엄 캐리 연구소의 허락을 받아
게재합니다.

1893년, 영국 침례교 선교부가 발행한 윌리엄 캐리의
인도 선교 100주년 기념 주화

1792년 10월 2일, 침례교 선교회가 설립된
영국 노스햄턴 케터링의 왈리스 부인의 집

• 1969년, 세람포어 대학 설립
150주년 기념 우표

• 1993년, 인도 정부가 발행한 윌리엄 캐리의
인도 선교 200주년 기념 우표

• 1818년, 윌리엄 캐리가 설립한 인도의 세람포어 대학
(Serampore College)

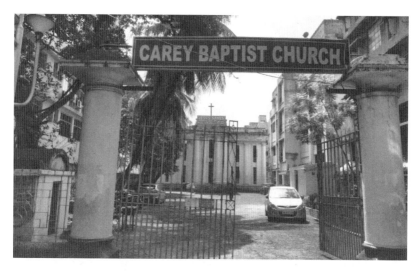

- 인도 캘커타에 있는 캐리가 설립한 캐리 침례교회
  (Carey Baptist Church)

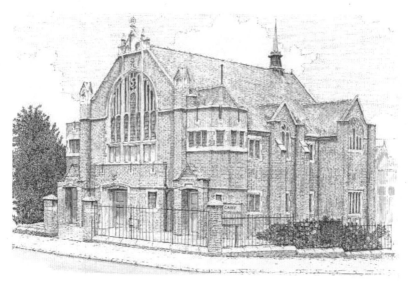

- 영국 노스햄턴 케터링에 있는 캐리 기념 침례교회
  (Carey Memorial Baptist Church)

캐리 당시의 인도 지도

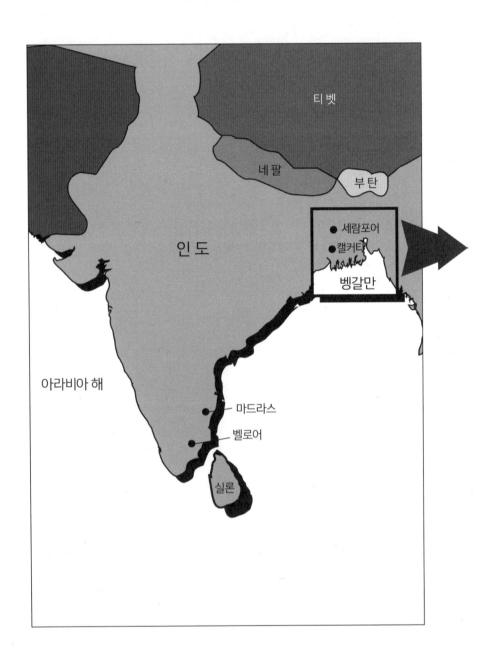

티벳

네팔

부탄

인도

● 세람포어

● 캘커타

벵갈만

아라비아 해

● ― 마드라스

● ― 벨로어

실론

캐리가 사역하던 선교 지역

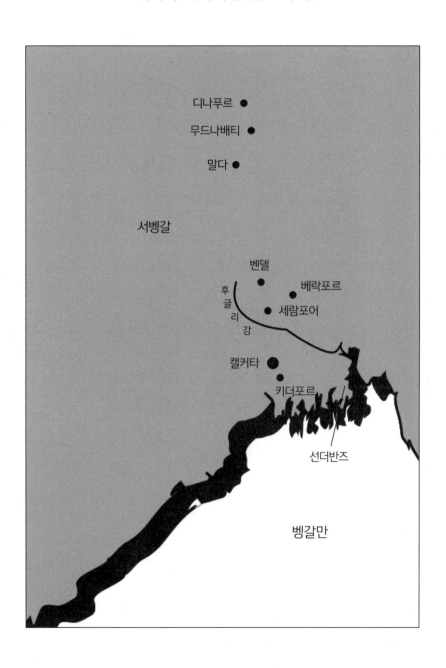

디나푸르 ●

무드나배티 ●

말다 ●

서벵갈

벤델
●
베락포르 ●

후
글
리
강

● 세람포어

캘커타 ●

키더포르 ●

선더반즈

벵갈만

I am very aff'y yours
W. Carey

＊
＊＊

이교도 개종방법을 모색하는
그리스도인의 책임에 관한 연구:

세계 각국의 현재 종교현황과
과거 선교가 거둔 성공과 미래의 선교가
시행해야 할 실제적 논의

윌리엄 캐리 (1792년)

An Enquiry into the Obligations of Christians to Use
Means for the Conversion of the Heathens:
In Which the Religious State of the Different Nations of
the World, the Success of Former Undertakings, and the
Practicability of Further Undertakings, Are Considered.

– William Carey (1792) –

이교도 선교방법론

이교도 개종방법을 모색하는
그리스도인의 책임에 관한 연구

롬 10:12-15

"유대인이나 헬라인이나 차별이 없음이라. 한 분이신 주께서 모든 사
람의 주가 되사 그를 부르는 모든 사람에게 부요하시도다. 누구든지
주의 이름을 부르는 자는 구원을 받으리라. 그런즉 그들이 믿지 아니
하는 이를 어찌 부르리요. 듣지도 못한 이를 어찌 믿으리요. 전파하는
자가 없이 어찌 들으리요. 보내심을 받지 아니하였으면 어찌 전파하리
요. 기록된 바, 아름답도다. 좋은 소식을 전하는 자들의 발이여 함과
같으니라" - 바울

서 론

　우리의 찬양을 받으시기에 합당하신 주님은 하나님의 나라가 임하시오며, 뜻이 하늘에서 이루어진 것 같이 땅에서도 이루어지도록 기도하라고 명령하셨다.[1] 이 말은 이러한 일이 일어나도록 우리가 말로써 기도해야 할 뿐 아니라, 모든 합법적인 방법(method)을 사용하여 주의 이름을 아는 지식을 널리 전파하라는 뜻이다. 주의 이름을 전파하기 위해서 우리는 전 세계의 종교상황을 어느 정도 알아야 할 필요가 있다.

　아울러 예수의 이름을 널리 알리는 일은 우리 구주 예수 그리스도의 복음 뿐 아니라, 인도주의적인 입장에서도 우리가 지체하지 말고 추구해야 할 목표이다. 또한 우리가 하나님의 은총을 받은 자들이며, 하나님의 가장 두드러진 속성(屬性)인 모든 사람을 향한 긍휼(benevolence)과 진정한 박애 정신(philantrophy)의 담지자들이라는 사실은 우리가 양심적인 면에서도 선교를 해야 하는 가장 강력한 증거가 된다.[2]

　아담의 타락 때문에 모든 후손들에게 죄악이 퍼지게 되었으며, 그 후로 죄악은 인간에게 계속적으로 악영향을 끼쳐 왔다. 죄악은 각 시대에 따라 다양한 모습과 형태로 증가되어 왔으며, 인간은 하나님의 뜻과 계획을 계속하여 거역해 왔다. 창세기의 노아 홍수 심판이 아버지에서 아들로 기억되며 전해져 왔으므로, 사람들은 이제 인간이 창조주 하

---

1) 마 6:10

2) 19세기 개신교 선교운동의 주요 동기중의 하나는 잃어버린(lost), 흑암(darkness)에 갇혀 사는 불쌍한 이교도들(poor heathen)의 "건너와서 우리를 도우라"(행 16:9)는 부르짖음에 응답하여 기독교 국가들이 가서 자비로운(benevolent) 도움을 주는 것이었다[David Bosch, *Transforming Mission: Paradigm Shifts in Theology of Mission* (New York: Orbis, 1991), 289-291].

나님의 뜻을 영원히 거스르지 않을 것이라고 생각했다. 그러나 인간들은 이 일을 까맣게 잊어버렸으며 그 결과 아브라함 시대에 인간들이 사는 곳마다 총체적인 사악함이 만연하였고, 아모리 사람들의 죄악도 비록 심판을 받을 만큼 가득 차지는 않았지만 관영하고 있었다. 이후 우상 숭배가 더욱 만연하였고, 타락하고 죄악에 빠져 있던 가나안의 일곱 족속이 하나님의 진노를 받아 경고의 표시로 마침내 진멸되고 말았다. 그런데도 죄악은 계속 증가하였으며, 이스라엘 민족은 하나님을 믿지 않는 다른 족속들과 한패가 되어 하나님을 대적하곤 하였다.

이전 시대에는 엄청난 무지와 야만 행위가 세상을 뒤덮고 있었고, 이후 개화된 시대에도 하나님을 배신하거나 경멸하는 일이 생겨나고 있다. 그 결과, 이전에 어리석음에 사로잡혀 있던 세상 사람들이 지금은 개화되었으나 "자기 지혜로 하나님을 알지 못하고"[3], 아주 미개한 시절의 사람들처럼 "썩어지지 아니하는 하나님의 영광을 썩어질 사람과 금수(禽獸)와 버러지 형상(形像)의 우상(偶像)으로 바꾸어 버렸다."[4] 이뿐 아니라 과학은 더 발전되고 사람들의 매너와 예절은 많이 개선되었지만, 사람들은 이전보다 우상숭배에 더 깊이 빠져들고 있다.

그러나 하나님은 사탄의 모든 권세를 물리치실 것이며, 사탄의 모든 일을 멸하시고 최종적인 승리를 쟁취할 것이다. 이전에 사탄이 자기 왕국을 확장했듯이, 하나님은 우리 가운데 그분의 왕국을 세우시고 그분의 사업을 널리 확장시켜 나가신다는 자신의 구원 계획을 계속하여 알려 주셨다. 메시야는 바로 이러한 목적을 이루시기 위해 이 땅에 오셔서 죽으셨으며, 이로써 하나님의 공의가 세워지고, 예수를 믿는 모든

---

3) 고전 1:21
4) 롬 1:23

사람은 하나님으로부터 의롭다고 칭함(칭의)을 받게 되었다. 예수께서 자신의 생명을 내어주셨다가 부활하신 후에 제자들을 파송하시면서 만민에게 복음의 좋은 소식을 전파하고, 가능한 모든 방법을 동원하여 잃어버린(lost) 세상 사람들을 하나님께로 인도하라고 명하셨다. 제자들은 주님의 선교 위임령에 따라 세상으로 나아갔으며, 이들의 전도로 경이로운 성공을 거두었다. 즉, 개화된 헬라인이나 미개한 야만인 모두가 그리스도의 십자가 앞에 무릎을 꿇고 십자가의 도를 유일한 구원의 길로 믿었다.

사도 시대 이후에도 복음 전파를 위한 많은 노력이 계속하여 있었으며 상당한 성공도 거두었다. 그럼에도 불구하고 세계 인구의 상당수는 아직도 하나님을 믿지 않는 이교 신앙(heathenism)의 어둠 속에 살고 있다. 지금도 복음전파의 노력이 계속되고는 있지만, 주님의 명령(command)에 순종하여 모든 그리스도인이 전심으로 복음을 전파하던 초대교회의 선교에 비하면 우리 교회의 노력은 너무 미약하다.[5] 선교 명령을 중요하게 여기지 않는 그리스도인이 있는가 하면, 전 세계의 종교 상황에 무지한 그리스도인도 있으며, 세상의 재물을 더 사랑한 나머지 하나님을 믿지 않는 이웃의 영혼에는 아무런 관심을 기울이지 않는 그리스도인도 있다.

세계선교의 주제를 더욱 깊이 있게 파헤치기 위해, 나는 다음과 같은 주제를 다룰 것이다. 첫째, 우리 주님이 사도들에게 주신 선교 명령이 오늘날 우리에게는 해당되지 않는 것인지 검토한다. 둘째, 이전에 수행된 선교적 노력을 간단하게 살펴본다. 셋째, 현재 전 세계의 인구와 종

---

5) 초대교회에는 모든 교인들이 선교에 참여했음에 비해, 캐리가 사역하던 18세기 말에 영국의 국교회(성공회)와 비국교도 교회는 해외 선교에 활발하게 참여하지 않고 있었다.

교 상황을 살펴본다. 넷째, 과거에 행한 선교 활동보다 더 많은 선교적 노력을 기울일 수 있는 실제적인 방안을 모색한다. 다섯째, 선교 활성화를 위한 모든 그리스도인의 의무에 대해 논의한다.

제1부

**
*

주님이 제자들에게 주신 선교 명령을
오늘날에도 순종해야 하는가에 대한 연구

An Enquiry Whether the Commission Given by Our Lord

to His Disciples Be Not Still Binding on Us

제1부

주님의 선교 명령을
오늘날에도 순종해야 하는가?

우리 주 예수 그리스도는 승천하시기 직전 사도들에게 너희는 "가서 모든 민족을 제자로 삼으라"[6]는 선교 명령을 주셨다. 또 다른 복음서에 "너희는 온 천하에 다니며 만민에게 복음을 전파하라"[7]는 사명을 주셨다. 주님의 이러한 선교 명령은 인간이 거주하는 지구의 모든 지역까지 나아가 한 사람도 남김없이 모든 사람에게 널리 복음을 전파하라는 책임(obligation)을 사도들에게 부과하는 것이었다. 여기에는 어떤 예외나 제한이 있을 수 없다. 그리하여 사도들은 이 명령에 순종하여 나아갔으며, 하나님의 권능이 이들을 통해 분명히 나타났다. 사도 시대 이후에도 많은 복음 전파 노력이 있어왔으며 여러 성공사례도 찾아 볼 수 있다.

그러나 최근에는 몇몇 소수의 선교사들이 추진한 선교적 시도를 제

---

6) "그러므로 너희는 가서 모든 민족을 제자로 삼아 아버지와 아들과 성령의 이름으로 세례를 베풀고 내가 너희에게 분부한 모든 것을 가르쳐 지키게 하라 볼지어다 내가 세상 끝날까지 너희와 항상 함께 있으리라 하시니라"(마 28:19-20).

7) 막 16:15

외하고는, 초기 그리스도인들이 가지고 있었던 열정과 인내심을 가지고 선교 사업을 시도하거나 추진하는 이들이 거의 없다. 열두 사도와 그 이후 교회 지도자들에 의해 선교 명령이 충분하게 성취되었다고 생각하는 이들이 많이 있는 것 같다. 또한 국내 동포(동족)를 구원하기 위해서도 할 일이 많지 않은가 라고 생각하는 이들도 있다.. 하나님이 참으로 이교도를 구원하려고 뜻하시면, 어떤 방법을 사용해서라도 그들을 복음의 길로 인도하시거나 그들에게 복음이 전해지게 하실 것이라고 생각하는 사람들도 있는 듯하다.[8] 그리하여 수많은 그리스도인들이 현실에 안주한 채, 아직도 하나님을 모르고 우상숭배에 빠져있는 수많은 종족들에게 아무런 관심을 기울이지 않고 있다. 또한 사도들은 교회의 특별한 직분을 맡은 자들이었고 그 사도직을 계승할 적절한 사람들도 없었기 때문에, 사도들은 마땅히 그 많은 일을 감당해야 했다. 하지만 우리는 사도들이 행하던 일을 해야 할 필요가 당연히 없다고 생각하는 이들도 있었다. 그러므로 사도들은 선교 명령을 지킬 의무가 있었지만, 우리에게는 그 명령을 직접적으로 이행할 의무가 없다고 생각하기도 하였다.

위와 같이 생각한 나머지 선교할 필요가 없다는 이들을 고려하여 나는 다음과 같은 주장을 개진하고자 한다.

첫째, 만약 모든 민족(all nations)을 제자 삼으라는 주님의 선교 명령

---

8) 1787년 몰턴(Moulton) 침례교회의 젊은 설교자로 섬기던 캐리가 노샘프턴(Northampton)의 침례교 목회자 모임에서 해외 선교의 필요성을 역설했을 때, 노년의 라일런드(Ryland, Sr., 1723-1792) 박사로부터 "이봐, 젊은 친구! 자리에 앉게나. 하나님이 이교도들을 개종시키려고 마음먹으시면, 자네나 나의 도움이 없어도 충분히 하실 수 있을 것이네!"라는 핀잔을 받은 적이 있었다[Timothy George, *Faithful Witness: The Life and Mission of William Carey* (Alabama: New Hope, 1991), 53].

이 단지 사도들, 즉 성령의 감동을 직접 체험한 사람들에게만 제한되는 것이라면, 세례를 베풀라는 명령 또한 그들에게만 해당된다. 그렇다면 퀘이커 교도를 제외한 기독교의 모든 교파가 물로 세례 주는 것은 잘못된 것이 되고 만다.[9]

둘째, 만약 모든 민족을 제자 삼으라는 그리스도의 명령이 사도들에게만 해당된다면, 이교도들에게 복음 전파하기 위해 노력해 온 모든 선교사들은 주의 능력의 아무런 보증도 받지 못한 채 나간 것이며, 주님의 보내심을 받지도 않고 자기 마음대로 선교지로 나간 셈이다. 또한 비록 하나님은 이교도들에게 복음을 전하는 가장 영광스러운 일이 일어날 것을 약속하셨지만, 복음의 메시지를 들고 먼저 나갔거나 그 후에 나간 선교사들은 하늘에서 새롭고 특별한 선교 명령을 받은 경우가 아니라면, 복음전파를 위한 어떠한 권세(authority)도 갖지 못한 채 선교하러 나간 것이다.

셋째, 만약 모든 족속을 제자 삼으라는 그리스도의 선교 명령이 사도들에게만 주어진 것이라면, 선교사역에 함께 하시겠다는 주님의 임재(presence) 약속 또한 제한될 수밖에 없다. 그러나 **"볼지어다 내가 세상 끝날까지 너희와 항상 함께 있으리라"**[10]는 예수님의 말씀은 이러한 해

---

9) 퀘이커 교도(Quakers)는 세례를 인정하지 않으며, 따라서 물세례를 베풀지 않는다.

10) 주님의 임재 약속(마 28:20)은 오랫동안 신약학계의 관심을 끌지 못한 본문이었으나, 1940년대부터 신약 학자들의 주목을 받기 시작했다. 1974년 벤자민 허바드(Hubbard)는 구약성경에 나타나 있는 하나님의 임재 주제는 제자들과 함께 하겠다는 예수 그리스도의 선교 명령의 약속 이해에 있어 매우 중요한 배경을 제공한다는 연구를 발표했다[Benjamin J. Hubbard, *The Matthean Redaction of a Primitive Apostolic Commissioning: An Exegesis of Matthew 28:16-20* (Missssoula, MT: Society of Biblical Literature and Scholars' Press, 1974); David Bosch, *Transforming Mission*, 56-57].

석이 잘못되었음을 분명하게 보여 준다).[11]

물론 하나님의 명령이라고 할지라도 지키지 못할 경우가 있다. 예를 들면, 유대인의 정결 예법에 관한 명령처럼 '취소될' 수 있다. 또한 7년마다 돌아오는 면제년 규정처럼 그 혜택을 누릴 '대상들이 존재하지 않는다면' 하나님의 명령이라도 지키지 않아도 된다. 왜냐하면 빚을 탕감받을 가난한 사람들이 그 지역에 거주하지 않아서 이 면제 규례가 시행될 수 없기 때문이다.[12] 이처럼 성경에는 특별한 경우, 즉 처음 주어진 명령과 '상반되는 계시의 말씀'(counter-revelation)을 찾아볼 수 있다. 사도바울과 동역자 실라는 소아시아 북서부의 비두니아로 가고자 했으나 성령께서 그곳에서 말씀을 전하지 못하게 하셨던 예가 그런 경우에 해당한다.[13] 이처럼 어쩔 수 없이 선교 활동을 할 수 없는 상황이 발생하기도 한다. 예컨대 오타하이트(Otaheite)[14]의 사람들에게 가서 복음을 전하는 것은 바울의 의무가 아니었다. 왜냐하면 바울 당시 그 지역은 발견되지 않았을 뿐 아니라 그 곳에 갈 수 있는 방법도 없었기 때문이다.

그러나 위에서 열거한 그 어떤 경우도 우리 그리스도인들이 주님의 선교 명령을 순종하지 않은 데 대한 변명이 될 수 없다. 정결 예식에 관한 규정과는 달리 선교 명령은 취소된 적이 없으며, 또한 수행해야 할

---

11) 캐리는 주님의 선교 명령이 사도 시대에만 국한된다면, 왜 세례는 지금까지 베풀고 있는가, 그렇다면 하나님은 지금은 우리와 함께 하시지 않는가라고 반문한다.

12) 신 15:4

13) 행 16:6-7. 성령이 아시아에서 바울 선교단의 전도를 막은 것은 선교 중지가 아니라 선교 방향의 전환에 대한 인도하심이었다. 예루살렘에서 기원한 복음은 서진(西進)의 과정을 거쳐 팔레스틴에서 소아시아로, 소아시아에서 유럽으로 확산되어 나갔다. 그 결과 유럽이 최초의 기독교 대륙이 되었다.

14) 『쿡 선장의 항해기』에 나오는 남태평양의 타히티(Tahiti) 섬

명령의 대상이 없기 때문에 지킬 필요가 없다고 변명할 수도 없다. 우리가 아는 대로, 지금도 흑암에 사는 백성들이 온 세계에 저렇게 많이 있지 않은가! 참으로 안타까운 일이 아닐 수 없다! 비두니아의 바울과 실라의 경우처럼 어떤 특정 국가에 대한 선교 명령을 취소한다는 성경 말씀을 찾을 수도 없다. 그리고 설령 그런 말씀이 있다고 하더라도, 그 나라를 제외한 세계의 다른 지역에 대한 선교적 의무를 소홀히 한 채, 아무런 시도도 하지 않고 있는 우리의 태도가 정당화되지는 않는다. 왜냐하면 바울과 실라는 한 지역에서 말씀을 전하지 못하게 되자 다른 지역으로 가서 복음을 전했기 때문이다. 따라서 위의 경우도 우리가 선교할 수 없는 불가피한 사정이 인정된다고 핑계할 수 없는 것이다.

한편 하나님께서 선교의 문을 열어 주시고 인도해 주실 때까지 기다려야 하며 우리가 강제로 선교하려고 해서는 안 된다고 말하는 사람들이 있다. 그러나 이 경우에도 하나님의 도움으로 매일 조금씩 열리는 선교의 기회를 놓치지 않아야함을 인식해야 한다. 그러면 하나님께서 열어 주시는 어떠한 기회를 기다려야 하는가? 우리는 일반적인 선교 방법(ordinary means)을 알지 못한 채 이방 선교지에 가려고 해서는 안 되며, 선교지에 도착해서도 자신이 언어의 재능을 소유하고 있다고 생각해서는 안 된다. 이러한 일에는 하나님의 방해하심이 아니라 기적적인 간섭이 필요하다. 선교 명령이 주어지면 그 명령을 수행하지 못하게 하는 장애물을 제거하고 그 명령에 순종하는 수밖에 없다. 또한 지금 선교의 많은 장애물들은 이미 제거되어져 있다.

자연 환경 때문에 선교할 수 없다고 말하는 것도 결코 변명이 되지 못한다. 매우 어려운 여건 속에서 선교사역을 수행했던 사례들이 존재하기 때문이다. 로마가톨릭 선교사들은 극복하기 힘들 것이라고 생각한 그 모든 어려움들을 이겨내지 않았는가? 모라비안 형제단[15]의 선교사들은 아비시니아(Abyssinia)[16]의 찌는 듯한 무더위와 그린란드(Greenland)와 래브라도(Labrador)[17]의 혹독한 추위와 배우기 험난한 현지 언어와 야만적인 현지 관습에 직면하지 않았던가? 영국의 무역상들은 돈 버는 일을 위해서 복음전도의 넘을 수 없는 장애물로 여겨졌던 온갖 역경들을 이겨내지 않았던가? 페르시아, 동인도 제도,[18] 중국, 그린란드 등에서 이루어지는 무역과 아프리카 서부해안에서 자행되고 있는 저주받을 노예무역만 보아도, 이들 무역상과 노예 사냥꾼들이 현지의 수많은 어려움을 극복했음을 보여준다. 돈벌이를 위한 일이라면 장사꾼들은 야만적인 부족과 미개한 종족이 살고 있는 곳까지도 가서 그들의 환심을 사기 위해 온갖 노력을 기울인다. 비록 무역과 복음전파의 주변 상황이 똑같지는 않지만, 이러한 사례는 선교사들도 그런 오지(奧地)에 들어갈 수 있다는 것을 보여준다. 이러한 실례를 보면, 우리도 그러한 지역에서 가서 선교할 수 있다는 사실을 보여주는 충분한 이유가 된다면 나의 주장은 설득력이 있는 것이다.

어떤 신학자는 성경을 인용하면서 이교도들이 개종할 때가 아직 도래하지 않았다고 주장한다. 먼저 "증인들이 죽임을 당해야 하며,"[19] 그 밖의 많은 하나님의 예언의 말씀이 성취되어야 한다는 것이다. 그렇다

---

15) 1457년 보헤미야(체코 공화국)에서 형제회(*Unitas Fratrum* or Moravian Brethren)로 시작되었고, 1722년 진젠도르프 백작(Count Zinzendorf, 1700-1760)에 의해 재건되었고 1732년 목수와 도공을 카리브해 덴마크 식민지에 첫 선교사로 보낸 이후 많은 선교사를 파송하며 자립형 선교를 시도하였다.

16) 에티오피아

17) 캐나다 뉴펀들랜드

18) 인도, 라오스, 베트남, 캄보디아, 말레이 군도를 포함하는 지역

19) 요한계시록 11:1-13(7년 대환난)

고 하더라도 (본인은 이러한 예언의 해석을 믿지 아니하지만)[20] 이를 근거로 이교도들에게 즉시 복음을 전하는 일을 반대한다면, 이런 반대는 다음 두 가지 중 하나에 근거하여 나온 것임에 틀림없다. 첫째, 하나님의 신비한 뜻은 우리의 의무를 규정하는데, 그 하나님의 뜻은 우리가 이교도들에게 전도하는 것이나 혹은 이교도를 위해 기도하는 것이나 똑같이 별 도움이 안 된다는 것이다.[21] 둘째, 세상 끝날, 전 세계적인 성령의 부어주심이 있기 전에는 결코 이교도 중에서 개종자를 얻지 못할 것이라고 생각하는 이들이 있다. 그러나 이런 반대는 시기적으로 너무 늦게 제기되었다. 왜냐하면 이미 세계 도처에서 복음전도는 아주 많은 결실을 거두고 있기 때문이다.

지금 우리나라(영국) 내에 그리고 우리가 즉각적으로 전할 수 있는 곳에 남태평양 야만인처럼 복음에 무지한 사람들이 수없이 많이 있다. 이처럼 국내에도 해야 할 일이 많은데 굳이 해외에까지 나가야 하냐며 선교에 반대하는 사람들이 있다. 물론 영국 내에도 하나님과 상관없이 살아가는 사람들이 많다는 사실을 나도 인정한다. 그러므로 불신 동족에게 복음을 전하고 이들에게 하나님을 아는 지식을 전하기 위해 우

---

20) 이 문제에 대해서는 최근 섯클리프(John Sutcliff)에 의해 재출간된 에드워즈(Jonathan Edwards)의 『기도』(Prayer)를 참조하라(캐리의 주석). 섯클리프는 침례교 목사로서 1789년 영국에서 에드워즈의 책을 재간행하여 보급하였다.

21) 캐리가 언급하고 있는 기도회는 1744년 영국 스코틀랜드에서 시작된 '기도 합주회'(Concert of Prayer)에서 그 기원을 찾을 수 있다. 1748년 미국의 조나단 에드워즈는 영국에서 시작된 '기도 합주회'를 미국에 확산시키기 위해 기도에 관한 소책자(An Humble Attempt to Promote Explicit Agreement and Visible Union of God's People in Extraordinary Prayer, For the Revival of Religion and the Atonement of Christ's Kingdom on Earth)를 저술하여 보스턴에서 출판했다. 1784년 영국 침례교 목사 섯클리프는 에드워즈의 『기도』를 구하여 읽은 후, 침례교 목회자들에게 월례 기도회를 제안하였고 이후 많은 침례교회가 이 기도회에 참여했다.

리가 열 배나 더 노력해야 하는 것은 분명한 사실이다. 그러나 이러한 이유 때문에 멀리 외국에 가서 복음을 전파하는 선교 사업이 필요 없다고 주장하는 것에는 더 많은 논증(proof)을 필요로 한다고 생각한다.

우리 동포들은 구원받을 은총의 수단(means)을 가지고 있다. 이들은 원하면 언제든지 선포되는 말씀을 들을 수 있다. 또한 이들에게는 진리를 알 수 있는 수단이 주어져 있는데, 지금 이 나라의 거의 모든 지역에 신실한 목회자들이 배치되어 있기 때문이다. 만약 교인들이 지금보다 더 뜨거운 마음으로 불신자들을 위한 구령 사업을 활발하게 펼친다면, 목회자들의 복음전도 영역은 훨씬 더 넓어질 것이다.

그러나 이교도의 상황은 이와 매우 다르다. 이들에게는 성경(Bible)이 없고, 많은 경우에 글자도 없다. 목회자와 문명화된 정부도 없고, 우리가 현재 누리는 많은 문명의 혜택도 누리지 못하고 있다. 그러므로 인간적인 동정심과 인간애, 그리고 무엇보다 기독교적인 관점에서 볼 때, 우리는 그들에게 복음을 전하기 위해 우리가 할 수 있는 모든 노력을 다 기울일 것을 강력하게 요청받고 있다.

William Carey
(1761-1834)

제2부

**

간추린 세계선교역사 고찰

A Short Review of Former Undertakings
for the Conversion of the Heathen

제2부

간추린 세계선교역사 [22]

1. 사도 시대의 선교(AD 30-100년) [23]

우리 구주 예수 그리스도가 오시기 전에 온 세상 사람들은 이교도 아니면 유대인이었는데 이들 모두는 복음의 대적자였다. 예수님의 부활 이후 오순절날이 이르기까지 제자들은 모두 예루살렘에 머물러 있었다. [24] 매일 기도에 힘쓰던 그들은 맛디아를 선출하여 가룟 유다 대신 사도의 직무를 대신하게 했다. 이후 저희가 다 같이 한곳에 모여 있던 그 장엄한 날, 제자들 모두 성령의 충만함을 받고 성령이 말하게 하심을 따라 온갖 다른 방언으로 말하는 능력이 이들에게 임했다. [25] 베드로는 이 기회를 포착하여 거기 모인 많은 유대인들 [26]과 유대교에 입교

---

22) 캐리는 제2부의 절반 이상의 지면을 사도행전에 나타난 바울의 이방선교에 할애하고 있다. 예수님의 승천 이후 사도들의 활동이 끝날 때까지, 즉 사도행전 1장부터 28장까지를 개관한다.

23) 독자의 이해를 돕기 위해 역자가 붙인 소제목

24) 행 1:4-5

25) 행 2:1-4

26) 이들은 천하 각국으로부터 온 유대인들로서 예루살렘에 우거하고 있었으나 거기에서

한 사람들(proselytes)[27]에게 복음을 전했다. 이들은 바대와 메대와 엘람과 메소보다미아,[28] 유대와 갑바도기아, 지방 총독이 관할하는 아시아, 브루기아와 밤빌리아, 애굽과 및 리비야 그리고 그레데와 아라비아와 로마 등지에서 온 자들이었다.

하나님께서 행하신 첫 번째 역사가 너무 강력하여 많은 이들이 예수 믿고 즉시 세례를 받았는데, 이 날에 제자의 수가 3,000명이나 교회에 더하여졌다. 이러한 숫자적 증가가 있기 전에 모인 무리의 수는 '120명'[29]이었지만, 이후 이들의 숫자는 계속하여 늘어갔다.[30] 이 일이 있은 직후, 베드로와 요한이 성전에 올라가 앉은뱅이를 걷게 한 사건이 일어났고, 많은 사람들이 이 기적을 심히 기이히 여겨 모여들자, 베드로는 이 기회를 이용하여 예수 그리스도를 전했다.[31] 그 결과, 믿는 자가

태어나지는 않았다. 이들은 바벨론 포로기 이후 자신들의 고향인 팔레스타인 바깥으로 흩어져 살던 디아스포라 유대인들(diaspora Jews)이었다.

27) 유대교의 선교 활동에 대한 예수님의 언급(마 23:15)에도 불구하고, 1세기 유대교가 조직적이며 적극적인 이방인 선교를 시행한 것 같지는 않다[Bosch, *Transforming Mission*, 25; Eckhard J. Schnabel, *Early Christian Mission* (Downers Grove: Inter Varsity Press, 2004), 92-173]. 이러한 원심적 선교의 증거는 찾기 힘들지만, 로마 제국 전역에 흩어져 살던 유대인들의 유일신 신앙과 고상한 도덕적·윤리적 생활에 호감을 가진 이방인들이 회당 주변에 많이 몰려들었다. 이들 중에 할례를 받고 유대교의 율법을 지키며, 회당 예배와 종교 행사에 정기적으로 참여하던 이방인 개종자(προσηλυτοι, 행 2:11; 6:5; 13:43)는 회당과 이후 초기 기독교회 성장에 매우 중요한 위치를 차지한다.

28) 오순절에 베드로의 설교를 들었던 이 유대인들은 로마를 비롯한 서방으로부터 온 방문객뿐만 아니라, "바대인과 메대인과 엘람인과 또 메소보다미아인"(행 2:9)도 포함되어 있었다. 비(非)서방에서 온 이들은 유프라테스 강 동편, 즉 로마 제국의 국경을 넘어 당시 파르티아 제국(Parthian Empire) 영토에 속하였다가 226년 이후에는 새로운 페르시아 제국(Persian Empire)에 속하게 된 지역에 살던 유대인이었다.

29) 행 1:15

30) 행 2:47

31) 행 3장

5,000명 이상 생겨났다.[32]

　이런 일은 아무런 반대 없이 이루어지지 않았다. 제사장들과 사두개인들은 그들이 고안할 수 있는 모든 방법을 동원하여 사도들이 복음을 전하는 것을 막았다. 그러나 사도들은 자신들이 하나님의 권능으로 이 일을 행한다고 주장했다. 또한 사도들은 석방되자 하나님의 말씀을 전하기 시작했으며, 말씀을 전할 때마다 하나님의 능력이 나타나기를 간절히 기도했다. 이후 사도들의 간구는 응답되어 많은 결신자들을 얻었다. 이 선한 사업에 참여한 사도들이 필요로 하는 것들을 채우기 위하여 믿는 자 중에 소유나 물건을 가진 자는 팔아 그 판 것의 값을 헌납하여 경건한 목적에 쓰도록 했다.[33]

　이때쯤 아나니아가 아내 삽비라와 더불어 소유를 팔아 그 값에서 얼마를 감춘 뒤 그것이 전부인 양 사도들에게 가져왔다. 이 속인 일로 인하여 이 부부는 하나님의 손에 의해 죽임을 당했다. 이 무서운 징계는 보다 많은 남녀 신자들이 주께로 돌아오는 계기가 되었다. 사도들을 통하여 많은 이적과 기사가 나타나고 그들의 사역 결과로 믿고 주께로 나오는 자들이 많아지자, 제사장과 사두개인들이 다 마음에 시기가 가득하여 사도들을 옥에 가두었다. 그러나 주의 사자가 밤에 옥문을 열고 이들을 풀어 주었다. 사도들은 출옥 후 새벽에 명령을 받은 대로 곧바로 성전에 가서 복음을 전하다가 붙잡혀 산헤드린 공회 앞에 끌려 왔다. 그러나 가말리엘(Gamaliel)의 호의적인 변호로 인하여 석방되었다. 석방된 뒤에도 사도들은 전도 사업을 계속하였으며 그리스도의 이름

---

32) 행 4:4
33) 행 4장

때문에 능욕 받는 일에 합당한 자로 여기심을 기뻐하였다.[34]

이 시기에 예루살렘에 있는 교회에 신자들이 더 많아졌으며 교회가 소홀히 하여 헬라파 유대인의 과부들이 매일 구제에 빠지므로 히브리파 유대인들에게 불평하는 일이 생겨났다. 그리하여 사도들은 교회에 이러한 구제의 일을 감당할 사람 7명을 선출할 것을 권하고, "우리는 오로지 기도하는 일과 말씀을 전하는 일에 전무(專務)하리라"[35]고 선포하였다. 그리하여 일곱 사람이 선택되었고 사도들은 이들을 위해 기도하고 안수하여 집사의 직분에 임명했다. 이 문제는 해결되었고 교회는 점점 더 왕성하게 성장해 나갔다.[36]

이들 일곱 집사 중 한 명인 스데반은 탁월한 성경지식과 성별된 거룩한 삶을 사는 자로서 많은 기적을 행하였고, 큰 증거와 능력으로 기독교의 진리를 변론했다. 그러자 유대인들은 스데반을 돌로 쳐 죽였으며[37] 그 박해는 예루살렘까지 미쳤다. 그 날에 예루살렘 교회에 큰 핍박이 나서 사도들 외에 모든 복음전도자들은 유대와 사마리아 모든 땅으로 흩어졌다.[38] 그러나 흩어진 사람들이 두루 다니며 복음의 말씀을 전했다.[39]

이때에 '사울'(Saul)이라는 청년이 나타나는데 그는 열성적으로 기독교를 핍박했다. 사울은 산헤드린 공회 회원인 가말리엘 문하에서 교육을 받은 앞날이 창창한 사람으로서, 원래 바리새인이었고 유대 율법의

---

34) 행 5장
35) 행 6:4
36) 행 6장
37) 행 7장
38) 행 8:1
39) 행 8:4

종교의식에 깊이 빠져있던 자였다. 사울은 스데반이 돌에 맞아 순교한 현장에 함께 있었는데, 그의 죽임 당함을 마땅히 여겼으며 또한 스데반을 처형한 사람들의 옷을 맡아 주기도 했다.[40]

이후 사울은 본격적으로 많은 그리스도인들을 박해하고 몇몇 그리스도인들을 붙잡아 결박하여 감옥에 넣기도 하였으며, 또 회당에서 강제로 구주 예수의 이름을 모독하는 말을 하게 했다. 사울은 예루살렘 성에서만 자신의 분노를 표출하는데 만족하지 못하여, 대제사장들에게 가서 다메섹 성에 가서도 예수 믿는 자들을 잡아오기 위한 권한을 얻었다. 그러나 다메섹 가까이 이르렀을 때에 그리스도를 만나 그의 삶은 매우 극적으로 변화되었다. 핍박하기 위하여 간 다메섹에서 다시 보게 되자 그는 곧 복음을 전파하기 시작했다. 그러자 그가 계획했던 똑같은 핍박이 그에게 닥쳤고 유대인들이 그를 죽이려고 모의하자, 그의 제자들이 밤에 그를 바구니에 담아 성 밖으로 달아내려 대적의 손에서 구출했다. 그런 다음에 그는 예루살렘으로 가서 말씀을 전하였는데, 그곳에서도 핍박과 생명의 위협을 받아 가이사랴로 내려갔다가 다소로 갔다.[41]

교회에 일어난 핍박으로 인하여 사마리아 성에 내려간 빌립은 그곳에서 전도하여 많은 결신자를 얻었다. 빌립이 행하는 이적과 큰 능력을 보고 놀란 한 마술사는 믿고 세례를 받고 자신이 교인이라고 고백하였지만 나중에 거짓이었음이 드러났다. 그 마술사 외에 많은 사람들이 실제로 믿고 세례를 받음으로써 그곳에 교회가 설립되었다. 이 일 후에 주의 천사가 빌립에게 예루살렘에서 가사로 내려가는 길로 가라고

---

40) 행 7:58-8:1
41) 행 9:1-30

명했다. 빌립은 가다가 에티오피아 왕실의 큰 권세를 가진 내시를 만나 그에게 예수를 전하였고 내시는 믿고 즉시 세례를 받았다. 그 뒤에 빌립은 아소도에 나타나 복음을 전했다.[42]

이와 비슷한 시기에 베드로는 룻다에 내려가서 중풍병으로 누워있던 애니아를 고쳐 주었다. 이 치유 사건을 통하여 룻다뿐 아니라 이웃 지방인 샤론(수도는 라샤론)에 거주하는 많은 사람이 주께로 돌아오게 되었다. 베드로가 거기 머무는 동안 진리의 전파에 도움이 되는 상황이 생겨났다. 인접한 항구 도시 욥바의 한 여제자가 병에 걸려 죽었다. 그래서 제자들은 룻다에 머물고 있는 베드로에게 사람을 보내어 와 달라고 간청했다. 베드로가 와서 기도하자 그 여자는 살아났다. 그 일이 온 욥바에 알려져서 많은 사람이 주를 믿게 되었다. 베드로는 여러 날 동안 욥바에 거하며 복음을 전하였는데 무두장이의 집에서 머물렀다.[43]

이때쯤 초기 기독교의 확장에 많은 도움을 준 또 하나의 사건이 생겨났다. 로마 군대의 장교 고넬료는 구약 성경에 대해 약간의 지식은 있었지만 할례는 받지 않았다.[44] 어느 날 그가 가이사랴의 집에서 기도하던 중 하나님의 천사가 나타나 욥바로 사람을 보내어 베드로를 집으로 모셔와 말씀을 들으라고 하였다. 이 일이 있기 전까지는 하나님의 구원사업은 전적으로 유대인과 유대교에 입교한 이방인 개종자들(Jewish proselytes)에게만 제한되어 있었다.[45] 이처럼 사도들조차도 하나님의 구

---

42) 행 8장

43) 행 9:32-43

44) 이방인 고넬료는 할례를 받지 않았지만, 회당 예배에 참석하고 율법을 부분적으로 지키며 유대사회와 친밀하고 우호적인 관계를 유지하던 '하나님을 경외하는 자'(God-fearer)로서 히브리어 경전과 메시야의 소망에 대해 잘 알고 있었다.

45) 1세기 회당 주변에 있던 하나님 경외자들은 기독교 형성과 선교에 매우 중요한 위치를

원이 유대인에게만 주어졌다는 편협한 생각에 사로잡혀 있었던 것으로 보인다. 그러나 지금 하나님은 환상 가운데 베드로에게 기독교가 열방까지 전파될 것임을 깨닫게 하셨다.[46] 그리하여 베드로는 순종하여 따라가서 가이사랴의 고넬료 집에서 말씀을 전하였고 여러 사람이 믿고 세례를 받았으며, 이로써 가이사랴 교회의 기초가 놓이게 되었다.[47]

한편 스데반의 순교 이후에 일어난 핍박의 결과로 흩어진 신자들 가운데 몇 사람이 시리아 안디옥까지 가서 그곳의 헬라인[48]에게도 복음

차지한다. 이들은 복음을 처음으로 수용한 이방인들이었고, 기독교 선교가 하나님 경외자에게만 집중된 것은 아니었지만 초대교회가 이들을 주요 선교 대상으로 삼았기 때문이다. 사도행전에 나타나는 하나님을 경외하는 자로 추정되는 장면을 보면 ① 에티오피아 내시(행 8:26-40), ② 고넬료(행 10:1-48), ③ 바울이 설교한 비시디아 안디옥(행 13:13-52), ④ 이고니온(행 14:1-7), ⑤ 빌립보(행 16:12-15), ⑥ 데살로니가(행 17:1-9), ⑦ 베뢰아(행 17:10-15), ⑧ 고린도(행 18:4-11) 등이다[유상현, "신약에 나타난 디아스포라, '하나님 경외자' 선교: 사도행전의 다중 문화인을 중심으로," 「선교와 신학」 제16집 (2005년 가을호): 48-57].

46) 예루살렘 교회에 일어난 큰 핍박으로 흩어진 빌립 집사가 사마리아에서 복음을 전하고 사마리아 사람들이 하나님의 말씀을 받는 일이 생기자, 베드로는 사마리아를 다시 방문하여 이를 확인했다(행 8:14,25). 이후 고넬료 일가가 복음을 받고 예수 믿는 일을 직접 목격한 베드로는 이방인에게도 하나님의 '생명 얻는 회개'(행 11:17-18)가 주어졌음을 깨닫는다. 베드로는 예루살렘 공의회에서 자신의 이방인 전도 경험을 이야기하며 이방인이나 유대인의 차별 없이 모두가 "주 예수의 은혜로 구원 받는다"고 주장했다(행 15:7-11).

47) 개인이 아닌 고넬료 가정, 친척 그리고 가까운 친구들 모두가 복음을 받아들인 것은 유대적 기독교가 이방인을 포함하는 보편주의적 교회로 확장되어 가는 기독교회의 초기 선교역사(AD 40년대 말 이후)에서 매우 중요한 사건이었다(행 10장).

48) 여기서 '헬라인'은 '헬라어(Greek)를 사용하는 디아스포라 유대인'을 뜻할 수 있으나, 전후 문맥상 '유대인이 아닌 이방인 혹은 이교도'로 이해된다. 그러면 새로운 이방인 선교 운동이 예루살렘 교회에서 흩어진 무명의 전도자들에 의해 시작되었다(행 11장)는 것인데, 누가는 본격적인 이방인 선교가 안디옥 교회의 파송을 받은 바울의 선교단에 의해 일어났다(행 13장)고 보기 때문에 시기적으로 앞뒤가 맞지 않는 문제가 발생한다[John Stott, *The Message of Acts: To the Ends of the Earth*, 정옥배 역, 『사도행전 강해: 땅끝

을 전하여 수많은 사람들이 믿게 되는 놀라운 일이 일어났다.[49] 예루살렘 교회의 사도들은 이에 대해서 듣고 그것을 조사해 보기 위해 바나바와 후에 바울을 안디옥에 보내어 그곳의 교인들을 가르치며 인내하며 주님을 잘 섬기라고 권고했다.[50] 그리하여 안디옥 교회가 설립되었고 얼마 되지 않아 안디옥 교회는 뛰어난 복음전도자들을 선교사로 파송했다.[51]

사도행전에는 바울과 그의 동역자들이 수행한 4번에 걸친 선교 여행이 기록되어 있다. 바울과 바나바가 함께 한 제1차 선교여행은 사도행전 13장과 14장에 걸쳐 기록되어 있다. 이는 이방세계에 대한 최초의 '선교'였다. 이 선교 여행은 소아시아 지역을 대상으로 이루어졌다. 바울과 바나바는 구브로 섬(Cyprus)을 횡단하여 지나갔다. 이들은 본격적인 전도활동에 나서자마자 선교 조력자로 삼았던 마가 때문에 큰 어려움을 겪었다. 왜냐하면 선교여행 도중에 마가가 바울과 바나바를 버리고 예루살렘으로 돌아가 버렸기 때문이다.[52] 아마도 마가는 예루살렘에서 가장 편안한 삶을 누리리라 생각했던 것 같다.

그러나 바울과 바나바는 선교여행을 계속해 나갔다. 가는 도시마다 먼저 유대인 회당을 찾아 그 곳에 모인 유대인들과 이방인들에게 예수의 말씀을 전했다.[53] 매우 솔직하게 그리고 간절한 마음으로 말씀을 받

까지 이르러』 (서울: 한국기독학생회출판부, 1992), 234-237, 283].

49) 행 11:19-21

50) 행 11:22-26

51) 행 13:1-3

52) 행 13:13

53) 각 지역 회당에서 전도하여 얻은 유대인, 이방인 개종자, 하나님 경외하는 자들과 함께 새로 예수 믿게 된 이방인들이 신생 기독교의 신자들이었다. 이 새 신자들은 회당에서 훈련받은 덕택에 구약성경, 특히 메시야에 대한 전(前) 이해를 가지고 있어서, 초기 선교사

는 사람들이 있는 반면에, 완고한 마음으로 분노하고 심하게 핍박하며 배척하는 이들도 있었다. 한 번은 군중이 두 사도를 신(gods)으로 알고 제사하려고 하자, 자기들에게 제사 드리지 못하게 그들을 말리기도 했다.[54] 그러나 이내 군중은 바울을 돌로 쳤으며 바울이 죽은 줄 알고 성 밖으로 끌어내어 갖다 버리기까지 했다. 이후 바울은 바나바와 함께 더베까지 가서 복음을 전하였고, 다시 왔던 길로 되돌아가 말씀의 씨앗을 뿌렸던 여러 도시를 재차 방문했다.

모든 지역이 복음에 수용적인 것은 아니었지만, 두 사도는 복음을 받아들인 지역의 새 신자들을 다시 돌아보고 이들이 믿음에 견고하게 설수 있도록 권면하는 것이 필요하다고 생각했기 때문이었다. 그리하여 신자들을 모아 교회를 조직해 주었고, 금식 기도를 하면서 각 교회에서 장로들을 안수하여 세웠으며, 그들을 주님과 그 은혜의 말씀에 맡기고 떠났다. 이후 두 사람은 처음 파송을 받았던 시리아 안디옥 교회로 돌아가, 교인들 앞에서 하나님께서 함께 행하신 모든 일과 어떻게 하나님께서 이방인들에게 믿음의 문을 열어주셨는지를 낱낱이 보고 했다.[55]

이때쯤 교회 내에 할례 문제로 인하여 다툼과 변론이 일어났다.[56] 안

들은 별 어려움 없이 이방인 개종자 일부와 다수의 하나님 경외자를 결신자로 얻었을 것이다. 팔레스타인 지역(예루살렘)의 교회는 아람어를 사용하는 히브리파 유대인들로 구성되고, 팔레스타인을 벗어난 지역의 교회는 헬라어를 사용하는 유대인, 이방인 개종자, 하나님을 경외하는 자들로 구성되었을 것이다. 유대교 입장에서는 초기 기독교의 선교는 회당에 모인 이들을 빼내간 '양 훔치기'(sheep stealing)로 간주되었을 것이다.

54) 행 14장(루스드라 사건)

55) 행 13-14장

56) 유대교 전통의 예루살렘 교회가 지리적·인종적·문화적 경계를 넘어 안디옥 및 소아시아의 여러 교회 안으로 이방인(헬라인)들이 들어오기 시작하면서, 이들에게 할례와 율

디옥 교회는 바울과 바나바를 교회 대표로 예루살렘에 파견하여 예루살렘 교회의 사도들 및 장로들과 이 문제를 협의하도록 하였다. 바울과 바나바는 예루살렘 교회의 유다와 실라와 함께 몇 가지 결의사항을 가지고 안디옥으로 되돌아옴으로써 이 문제는 해결되었다.[57] 이후 바울과 바나바는 안디옥에 잠시 동안 머물러 있으면서 주님의 말씀을 가르치며 전했다.[58]

그때 바울은 동역자 바나바에게 지난번에 주의 말씀을 선포한 여러 지역의 신도들을 다시 방문하여 그들이 어떻게 지내고 있는지를 살펴보자고 제안한다. 이 제안에 바나바도 흔쾌히 동의하였지만, 전에 두 사도를 버리고 떠난 '마가 요한'을 데리고 가는 문제로 인하여 두 사람 사이에 의견 충돌이 생겼다. 그 결과 이 두 명의 뛰어난 사도는 서로 갈라서고 말았으며[59] 이후 다시 같은 선교팀으로 여행을 한 것 같지는 않다. 비록 두 사도가 동역하지는 못했지만 이들은 각자 주의 일을 계속해 나갔다. 바나바는 요한을 데리고 배를 타고 고향인 구브로로 떠났고, 바울은 실라를 데리고 시리아와 길리기아를 지나 지난 제1차 선교여행 때 말씀을 전한 더베와 루스드라의 여러 도시까지 가서 전도했다.[60] 이곳 루스드라에서 바울과 실라는 디모데를 만나게 되는데 그는 전도가 유망한 청년으로서 두 사도는 디모데에게 목회를 하도록 권했다.

법 준수를 요구할 것인가는 시급히 해결해야 할 문제였다.

57) 예루살렘에서 시작된 초기 교회 선교운동이 유대교의 속박에서 벗어나 사마리아와 땅 끝의 이방 세계로 확산되어 가는 단계에서 개최된 예루살렘 공의회(AD 49)는 기독교 확장사에서 중요한 분수령을 이룬다. 예루살렘 회의의 결정 사항에 대해서는 행 15:20,29를 참조하라.

58) 행 15:1-35

59) 행 15:17-39

60) 행 15:36-41

지금 바울은 지난 번 제1차 선교여행의 끝 경계선인 루스드라에 머물면서 이미 설립되어 있는 여러 교회를 돌아보며 교인들에게 할례에 관하여 사도들과 장로들이 결정한 규정을 알려 주었다. 이제 바울은 영광스러운 이방인 복음전도 사업에 최대한 매진하려고 큰마음을 먹은 것 같다. 실라와 디모데와 함께 떠난 제2차 선교여행에서 바울은 브루기아와 갈라디아 지방을 지나 서쪽으로 나아가게 된다.[61] 위의 여러 지역에서 말씀을 전하여 많은 신자를 얻은[62] 바울과 동역자들은 지방 총독이 관할하는 아시아 지역으로 가기를 원하여 비두니아로 나아갔다. 하지만 성령이 아시아에서 말씀 전하는 것을 막으셨다. 이는 성령께서 이들을 다른 지역에 보내어 일하게 하시려는 특별한 계획을 가지고 계셨던 것 같다. 그리하여 그들은 무시아를 지나 해안에 위치한 드로아로 내려갔다. 이곳에서 바울은 환상을 보았는데, 마케도냐 사람이 나타나 바울에게 마케도냐로 건너와서 도와달라고 간청했다.

　하나님께서 주신 환상을 본 뒤에, 바울의 선교팀은 무척 고무되었으며 즉시 순종하여 에게 해를 건넌 후에 사모드라게 섬을 지나 네압볼리에 상륙했다. 거기에서 마케도냐 지방의 가장 중요한 도시인 빌립보로 갔다. 빌립보에서 바울은 안식일에 강가에 모여 있던 여자들에게 전도하였는데, 그 중에 두아디라 출신의 루디아는 집안 식구들과 함께 예수를 믿고 세례를 받았다. 또한 빌립보에서 미래의 사건을 점(占) 쳐서 주인들에게 큰 돈벌이를 해주는 가련한 여인을 만나게 된다. 이 여인이 바울 일행을 계속 따라다니자 바울은 이 점치는 귀신을 그 여인

---

61) 이방 세계에 대한 바울의 제2차 선교여행은 사도행전 15장 40절에서 시작하여 18장 22절에 끝난다.

62) 행 18:23과 갈 1:2를 참조하라.

에게서 쫓아냈다. 여종의 주인들은 수입원이 끊기자 분노하여 소란을 일으켰고 그 결과 바울과 실라는 감옥에 갇혔다. 그러나 이 모든 일까지도 복음의 진보를 위해 이용되었는데, 빌립보 간수와 온 가족이 주 예수를 믿고 세례를 받았기 때문이다.[63]

빌립보를 떠나 그들은 암비볼리와 아볼로니아를 거쳐서 데살로니가 (지금의 데살로니키), 베뢰아, 아테네 그리고 고린도까지 가는 곳마다 복음을 전했다. 고린도에서 바울은 배를 타고 시리아로 떠났는데 가는 중에 에베소에 잠시 기착하였고, 유월절 행사를 위해 예루살렘을 방문하기로 하고 예루살렘 교회에 문안한 후에 가이사랴에 갔다가 안디옥으로 내려갔다.[64]

몇 년에 걸쳐 매우 광범위한 지역에 복음을 전한 바울의 제2차 선교 여행은 여기에서 끝난다. 바울과 선교팀은 여행 중에 많은 어려움을 만났지만 이처럼 격려가 되는 일도 많았다. 이미 살펴본 것처럼, 그들은 빌립보에서 핍박을 받았고 일반적으로 유대인들은 어디에서나 사도들의 대적자들이었다. 유대인들로 인하여 많은 소동이 벌어졌으며, 이방인들을 선동하여 사도들을 대적하게 하였고 사도들을 따라 다니며 그들이 할 수 있는 모든 능력을 동원하여 사도들을 훼방하였다. 특히 데살로니가와 베뢰아와 고린도에서 이런 일들이 있었다. 그러나 이러한 박해 속에서도 하나님이 사도들과 함께 하셨고 여러 가지 방법을 통하여 이들을 강건케 해 주셨다. 베뢰아 사람들은 사도들의 말씀을 진솔하게 받았으며, 그 가르침이 성경 말씀에 맞는지 실제로 알아보기도 했

---

63) 행 16장
64) 행 17:1-18:22

다. 그리하여 '믿는 사람들이 많이' 생겨났다.[65]

다른 지역에서도 유대인들은 걸핏하면 바울을 멸시하였지만, 그럼에도 불구하고 몇몇 사람들은 바울을 끝까지 떠나지 않았다. '고린도'에서는 유대인의 반대가 극심했는데 주께서 환상 가운데 바울에게 말씀하셨다. "두려워하지 말며 침묵하지 말고 말하라. 내가 너와 함께 있으매 어떤 사람도 너를 대적하여 해롭게 할 자가 없을 것이니 이는 이 성중에 내 백성이 많음이라"(행 18:9-10). 사실 이 약속은 갈리오(Gallio) 총독의 태도에서 나타나듯이 그대로 이루어졌다. 즉 유대인들이 바울을 대적하여 갈리오에게 고소했을 때 그 고소에 전혀 귀를 기울이지 않았으며, 자신의 관할 구역 옆에서 일어난 문제에 개입하기를 당당하게 거부했다.[66] 이 선교여행을 통하여 수많은 교회들이 설립되었으며 이 교회들은 이후 오랫동안 세상의 빛으로 빛을 발하여 왔다.

바울이 안디옥을 방문하여 얼마 동안 머무르면서 이방 나라들을 향한 세 번째 선교여행을 준비하였다. 바울의 제3차 선교여행의 이야기는 사도행전 18장 23절에서 시작하여 21장 17절에 끝난다. 선교여행에 나서자마자 바울은 갈라디아 지방과 부르기아 지방 전역을 순회하며 모든 신자들을 굳게 세웠으며 해안을 지나 에베소에 도착했다. 바울은 에베소에 석 달을 머물며 유대인 회당에서 하나님 나라의 일을 강론하고 권면하면서 담대하게 말씀을 전했다.[67] 그러나 몇몇 유대인들은 마음이 완고하여 공공연하게 복음을 거부하고 군중들 앞에서 이 도(道)를 비난하므로, 바울은 공개적으로 신자들을 그들에게서 따로 떼어 두

---

65) 행 17:12

66) 행 18:14-17

67) 행 19:8

란노 서원에서 가르쳤다. 바울은 2년 동안 이 일을 계속하여 "아시아에 사는 사람들은 유대인이나 헬라인이나 모두 다 주의 말씀을 들었다"[68] 고 한다. 이 때 마술을 부리던 어떤 사람들은 복음을 접하고 자기들의 마술 책을 다 태워버렸으며 다른 사람들도 자기들의 행한 일들을 자백했다. 이렇게 주의 말씀은 점점 힘 있게 확산되어 나가기 시작했다.

이 일이 있은 후에 데메드리오라고 하는 은 세공인(細工人) 때문에 소동이 벌어졌다. 바울은 마케도냐 지방으로 가서 제2차 선교여행 때 설립한 교회들을 돌아보았다. 이후 바울은 그리스로 가서 석 달을 머물며 여러 지역을 오르내리며 복음을 전했다. 그는 이곳에서 배 타고 곧장 시리아로 가려고 했으나, 해안가에 매복하여 바울을 해치려는 유대인들을 피하여 마케도냐를 거쳐 다른 길로 빌립보를 거쳐 드로아로 갔다. 지난번 선교여행 때 바울이 이 드로아에서 복음을 전했는지에 대해서 아무런 언급이 없지만, 그랬을 것으로 추정이 된다. 왜냐하면 교회 교인들이 소집되었으며 바울도 함께 참여하여 '떡을 떼었기'[69] 때문이다. 드로아에서 바울은 밤새도록 말씀을 전했으며 졸다가 떨어져 죽은 유두고를 살려내기도 했다. 이곳에서 그들은 배 타고 시리아로 가는 중간에 밀레도에 기착했다. 이곳에서 바울은 사람을 보내어 에베소 교회의 장로들을 불러서 매우 엄숙하고도 사랑이 넘치는 고별 설교를 행하였는데 이 설교는 사도행전 20장에 기록되어 있다. 그들은 밀레도에서 배 타고 두로로 갔으며 그곳에 7일을 머물렀다가[70] 예루살렘으로 올라갔다.

---

68) 행 19:10
69) 행 20:7. 애찬의 공동 식사에는 성찬의식까지 포함되어 있었다.
70) 행 21:4

바울의 마지막 여행인 제4차 선교여행(정확히 표현하면 항해)은 죄수의 신분으로 로마로 호송되어 가는 여정이다. 예루살렘에 온 바울은 곧 유대인들에 의해 붙잡혔다. 그러나 천부장 루시아(Lysias)에 의해 구출되었고 재판을 받기위해 가이사랴로 보내졌다. 가이사랴에서 바울은 벨릭스 총독과 그의 부인 드루실라 앞에서 전도하였는데, 죄수인 바울이 두려워하는 것이 아니라 재판관인 총독이 두려워 떠는 일이 생겨났다. 또한 바울은 이곳에서 새 총독 베스도와 아그립바 왕과 부인 버니게 앞에서도 강력한 증거를 들이대며 전도하였는데 아그립바는 거의 그리스도인이 될 정도로 설득을 당했다. 그러나 바울을 죽이려는 유대인들의 계속되는 간계와 그들의 손에 자신의 목숨이 위태로울 수 있음을 알고서 바울은 로마 황제에게 재판을 받겠다고 상소했다. 그리하여 바울은 로마로 가게 되었다. 오랜 동안 위험한 항해 끝에 멜리데 섬[71]에서 배가 파선하자 바울은 이적을 행하였는데 섬의 추장인 보블리오가 이를 통해 예수를 믿게 되었다.[72]

로마에 도착하자마자 바울은 자기 동족인 유대인들에게 먼저 전도하기 시작했다. 그 중에 몇몇 사람들은 믿었으나 복음을 거부하는 사람들도 있었다. 이제 바울은 하나님의 구원이 유대인에게서 이방인에게로 향했다고 선포한다.[73] 사도행전은 "바울이 온 이태를 자기 셋집에 머물면서 하나님 나라를 전파하며 주 예수 그리스도에 관한 모든 것을 담대하게 거침없이 가르치더라."[74]로 끝맺는다.

---

71) 지중해의 몰타 섬(시칠리아 남단)

72) 행 21:17-28:10

73) 행 28:16-29

74) 예루살렘에서 출발한 복음이 마침내 세상 끝, 즉 제국의 수도인 로마에 도달했다. 비록 바울은 죄수의 신분으로 매여 있으나, 어떠한 인간의 장애나 박해나 저항도 복음의 진보

지금까지 살펴본 사도행전의 역사(history)는 초기 기독교 시대에 주의 말씀이 어떤 성과를 거두었는지 보여준다. 또한 우리는 초기 기독교 역사를 통해, 다른 많은 곳에서도 그리스도의 복음이 전파되었음을 알 수 있다. 베드로는 바벨론에 있는 교회[75]에 대해 언급한다. 그리고 서바나, 즉 스페인까지 가서 선교하려는 뜻을 품었던 바울[76]은 스페인뿐 아니라 프랑스와 영국까지 갔을 것이다. 안드레(Andrew)는 흑해 북쪽에 있는 스키티아 사람들(Scythians)[77]에게 복음을 전했다. 요한(John)은 인도에서 전도했다고 하는데, 우리는 그가 아키펠라고(Archipelago)[78] 군도의 밧모 섬[79]에 유배되었던 것을 알고 있다. 빌립(Philip)은 아시아 북쪽과 스키타이와 브루기아 지역에 가서 전도했다. 바돌로매(Bartholomew)는 인도의 갠지스 강 유역, 브루기아, 아르메니아(Armenia)까지 가서 복음을 전했다. 마태(Matthew)는 아라비아, 즉 아시아에서 가까운 에티오피아와 파르티아까지 갔으며, 도마(Thomas)는 인도의 코로만델(Coromandel) 해안[80] 뿐 아니라 실론 섬[81]까지 가서 복음을 전했다고 전해진다. 가나안 사람 시몬(Simon)은 이집트, 구레네, 모리타니아, 리비야 등 아프리카 여러 지역뿐 아니라 영국까지 가서 전도했다고 하며, 유다(Jude)는 소아시아 지역과 그리스에서 선교 사역을 감당했다고

와 확산을 막을 수 없다(딤후 2:9)는 선언으로 사도행전은 끝난다(행 28:30-31).

75) "함께 택하심을 받은 바벨론에 있는 교회가 너희에게 문안하고..."(벧전 5:13).

76) 롬 15:23-24. 서바나(스페인)는 당시 세계인 로마제국의 서쪽 끝에 해당하였다.

77) 흑해와 카스피해 동북부 지역

78) 에게 해에 위치한 도데카니사 제도

79) 에게해의 작은 섬

80) 인도 동남 해안

81) 스리랑카

한다.[82]

사도들의 선교 행적을 보면 복음이 매우 광범위한 지역에 전파되었고 많은 결실을 거두었음이 분명하다. 또한 사도들이 죽은 직후에 살았던 소(小) 플리니(Pliny)[83]는 트라얀(Trajan, 재위 98-117) 황제에게 보낸 편지에서, 기독교가 이미 도시와 읍내뿐 아니라 농촌 지역까지 급속히 전파되었다고 보고했다. 사실 이보다 앞서 네로 황제 시대에도 기독교가 널리 퍼져, 그는 칙령을 내려 기독교 확산을 막아야 할 필요성이 있다고 생각할 정도였다.[84] 사실 각 지역 총독들은 기독교 박멸에 앞장서도록 권한을 부여받기도 했다.

---

82) 12사도 중에 야고보, 요한, 베드로의 이후 생애에 대해서는 알려진 바가 약간 있지만, 나머지 사도들의 생애에 대해서 알려진 바는 거의 없다. 물론 이들에 관한 전승은 전해지고 있으나, 역사적 사실과 기록에 관한 자료는 거의 없다. 사도들은 제1세기 중엽 이후에 예루살렘을 떠났던 것 같다. 도마와 바돌로매는 인도까지 갔다고 전해오는데 인도의 정확한 의미와 위치에 대해서 학자들 간에 의견이 분분하다. 하지만 당시 알렉산드리아와 인더스 강 입구 사이에는 통상로가 존재하고 있었기에 지금의 인도로 볼 수도 있을 것이다 [F. F. Bruce, 『초대교회 역사: 복음은 불꽃같이』(*The Spreading Flame: The Rise and Progress of Christianity from Its First Beginning to the Conversion of the English*), 서영일 역 (서울: 기독교문서선교회, 1986), 364-365].
83) 소아시아 북서부 비두니아 지역의 총독(112년)
84) 네로 황제 박해(64-65년)

2. 속사도 시대의 선교(AD 100-313년)[85]

2세기 중엽에 살았던 저스틴 마터(Justin Martyr, 100-165)[86]는 『트리포 (Trypo)와의 대화』에서 헬라인이나 야만인이나 기타 어떤 종족이든 지간에, 사마리아인이든지 집 없는 방랑자든지 간에 혹은 가축과 함께 장막 속에서 사는 아라비아 페트레아(Arabia Petrea)[87] 지역의 씬족 (Scenites)이든지 간에 예수 그리스도의 이름을 통하여 천지만물의 창조주 되시는 하나님 아버지께 간구와 감사의 기도를 드릴 수 없는 지역 사람은 없다고 말했다. 170년경에 살았던 이레니우스(Irenaeus, 115-202)는 독일, 스페인, 프랑스, 동쪽의 여러 나라들, 이집트, 리비야 그리고 당시 세계의 중앙에 설립된 교회에 대해 언급하고 있다.

이보다 20년쯤 후대에 아프리카의 카르타고(Carthage)[88]에 거주하면서 저술 활동을 한 터툴리안(Tertullian, ca 150-225)은 기독교가 이미 침투해 들어간 나라들을 다음과 같이 열거하고 있다. 바대, 메대, 엘람, 메소보다미아, 아르메니아,[89] 브루기아, 갑바도기아, 본도, 아시아, 밤빌리아, 이집트, 아프리카 구레네 너머의 여러 지역들, 구(舊) 예루살렘

---

85) 독자의 이해를 돕기 위해 역자가 붙인 소제목. 사도시대 이후 콘스탄틴 황제의 기독교 공인까지의 선교역사를 개관한다.

86) 저스틴은 사마리아 출신의 헬라 철학자로서 기독교로 개종해 위대한 변증가가 되었고 후에 로마에서 순교했기 때문에 순교자 저스틴이라고 불렸다. 그의 『유대인 트리포와의 대화』는 135년경의 저작으로서 최초의 타종교인과의 대화서였다.

87) 요르단의 페트라(Petra)를 중심지로 하는 아라비아 반도의 북서부 지역

88) 북아프리카 튀니지

89) 주후 200년경 역사상 최초로 기독교를 국교로 수용한 나라는 오스로에네(Osrhoene) 왕국(수도 에뎃사)이었고, 그 북쪽에 있는 아르메니아는 310년에 두 번째 기독교 왕국이 되었고, 그 북동쪽에 위치한 조지아는 330년에 기독교 국가가 되었다. 이는 콘스탄틴의 기독교 공인(313)이나 데오도시우스 황제의 기독교 국가 종교 수용(391)보다 훨씬 빠르다.

의 로마인들과 유대인들, 거툴리 지역(Getuli),[90] 모리타니아의 마우리족, 즉 무어족(Moors)의 여러 국경지역, 지금의 바바리 지역(Barbary),[91] 모로코 등과 스페인의 모든 국경 지역, 골 지역(Gauls)의 많은 국가들[92] 영국 내 로마제국 관할 밖의 여러 지역들이다. 또한 다씨아 지역(Dacian),[93] 사마티아 지역(Sarmatia),[94] 독일, 스키타이 그리고 많은 숨겨진 나라들과 지역에 살고 있는 사람들, 그리고 터툴리안이 알지 못하여 언급하지 못한 많은 섬 지역들이다.

초기 복음전도자들의 노력은 하나님의 놀라운 축복을 받았는데 터툴리안은 스캐퓰라(Scapula)에게 보내는 편지에서 만약 그가 핍박을 시작한다면 이로 인해 카르타고 도시의 많은 사람들이 죽을 것이라고 말했다. 하지만 초기 3세기 동안 그리스도인들의 숫자가 급증했기 때문에 디오클레티안(Diocletian, 재위 284-305) 황제 치하 10년 동안 거의 로마제국 전역에 걸쳐 계속하여 핍박을 가했지만 그리스도인들을 박멸할 수 없었을 뿐만 아니라 그들의 신앙의 도리(cause)에 아무런 해를 가할 수 없었다.[95]

---

90) 당시 아프리카 서북부 지역에 살던 고대 원주민

91) 이집트 서부에서 대서양 연안에 이르는 북부 아프리카 지역

92) 프랑스, 벨기에, 북 이탈리아 등지

93) 루마니아

94) 폴란드 일부와 소련 서부

95) 로마제국 하에서 초기 3세기는 기독교 형성에서 매우 중요하다. 로드니 스타크는 AD 250-300년에 그리스도인의 숫자가 급증했음에 주목한다. 그는 초기 기독교의 성장률이 10년당 40%씩 증가했다고 추산한다. 주후 40년 기독교인 1,000명, 100년 7,530명, 200년 21만7795명, 300년 629만9832명으로 증가했다. 즉 300년에 기독교인 숫자가 630만 명으로 급격하게 늘어나 전체 인구의 10.5%에 이르게 되고, 350년에는 3,300만 명으로 56%에 해당한다고 주장한다[로드니 스타크, 『기독교의 발흥: 사회과학자의 시선으로 탐색한 초기 기독교 성장의 요인』, 손현선 옮김 (서울: 좋은씨앗, 2016), 23].

이러한 박해가 지난 후, 그리스도인들은 비교적 평안한 시기를 맞기도 했는데 특히 콘스탄틴(Constantine, 재위 306-337) 황제[96]와 데오도시우스(Theodosius, 재위 379-395) 황제[97] 치하에서 큰 격려를 받았으며 하나님의 위대한 일이 수행되었다. 그러나 이 시기에 안일함과 풍요로움이 교회 안에 스며들었으며 타락의 물결이 점차적으로 로마 가톨릭 교회의 전체 구조 속에 유입되었다. 그 결과 모든 사람들은 다시 파멸의 길로 떨어져 버렸으며 사단은 전체 기독교 세계에 양심의 왕국보다는 흑암과 기만과 인간 권위의 왕국을 수립하였다.

3. 콘스탄틴 기독교 공인 이후 모라비안 선교까지
(AD 313-18세기)

콘스탄틴 시대에, 프루멘티우스(Frumentius)는 인도에 파송되어[98] 복음을 전하여 많은 결신자를 얻었다. 이베리아 종족, 즉 카스피해 인근의 조지아인들(Georgians)에 의해 포로로 잡혀간 한 젊은 여성 그리스도인은 그들에게 기독교의 진리를 전파했는데 이들에게서 많은 존경을 받았고 이들은 콘스탄틴에게 자기들에게 와서 말씀을 전해줄 선교사를 요청하였다. 비슷한 시기에 몇몇 야만 국가들은 트라키아

---

96) 313년 밀라노 칙령을 발표하고 기독교에 종교의 자유를 주었다.

97) 391년 이교신전을 파괴하라는 반(反) 이교법을 공포하고 기독교를 로마제국의 국교로 선포하였다.

98) 에티오피아 최초의 기독교 뿌리는 에티오피아 내시(행 8:27)와 사도 마태라고 알려져 있지만, 첫 역사적 증거는 에티오피아 수도 악숨(Axum)에 노예로 잡혀왔다가 이후 4세기 중반(341년경) 에티오피아로 다시 가서 선교한 프루멘티우스부터 시작한다.

(Thrace)[99]를 침략하여 여러 명의 그리스도인을 포로로 잡아갔는데 이들에게서 복음을 전해 듣고 기독교를 받아들였는데 라인강과 다뉴브강에 접해 있는 나라들과 골 지방의 몇몇 지역과 켈티인들(Celtae)이 이에 해당한다.

또한 이 시기에 니스비아(Nisbia)의 야고보(James)는 페르시아에 가서 그곳 그리스도인들을 믿음에 굳게 서도록 권면하고 이방인들에게는 복음을 전하였는데, 엄청난 결실을 거두어 아디아빈(Adiabene)[100]은 거의 전체가 그리스도인이 되었다. 372년경 지도자급인 한 수도사(monk)가 당시 아라비아에 거주하는 사라센 사람들(Saracens)[101]에게 전도하여 많은 결신자들을 얻었다. 또한 이때에 고트족(Goths)과 다른 북쪽의 나라들 가운데서도 그리스도의 왕국이 널리 확장되어 나갔다. 하지만 즉시 아리안주의(Arianism)[102]로 인해 타락하고 말았다.

그 후 그리스도의 왕국은 다뉴브 강을 넘어 스키타이 유목민(Scythian Nomades)까지 퍼져나갔으며 430년경 부르군디 공국(Burgundians)[103]이 복음을 받아들였다. 그로부터 4년 뒤에는 팰라디우스(Palladius)가 스코

---

99) 에게 해에 면한 발칸반도 동부

100) 메소포타미아(이후 페르시아) 극동의 아디아빈(수도는 아르벨라, 현재의 이라크 아르빌)까지 기독교가 존재했다는 최초의 역사적 증거는 2세기 중반 이후 나타난다. 당시 아디아빈에는 많은 유대인이 거주하고 있었고, 40년부터 아디아빈의 지배계층이 유대교로 개종하기 시작했다. 1세기말 아르벨라의 유대인과 하나님을 경외하는 자들을 중심하여 기독교가 뿌리를 내리기 시작한 것으로 보인다.

101) 시리아, 아라비아의 사막에 사는 유목민

102) 아리우스(Arius, 250-336)에 의해 주장된 이단으로 성자 그리스도는 비록 모든 피조물 중에서 가장 높은 분이지만, 창조된 존재이며 성부에게 종속되며 성자가 존재하지 않은 때가 있었다고 주장했다.

103) 프랑스 동남부

틀랜드에 복음전도자로 파송되었고[104] 다음 해에는 패트릭(Patrick)[105]이 스코틀랜드를 떠나 아일랜드 선교사로 파송되었다. 그 전까지 아일랜드 사람들은 완전 야만상태에 있었으며 식인풍습도 있었다고 전해진다. 그러나 패트릭은 유능하여 아일랜드에 여러 교회를 설립하였다. 뒤이어 진리의 말씀은 사라센 사람들에게도 전파되었고 522년에는 콜치안족(Colchians)의 왕 재투스(Zathus)가 기독교를 장려하여 그 나라의 많은 사람들이 기독교로 개종했다.

비슷한 시기에 선교 사업이 여러 지역으로 확대되어 나갔는데 피니안(Finian)은 아일랜드에서, 콘스탄틴(Constantine)과 콜룸바(Columba)는 스코틀랜드에서 복음을 전했다. 콜룸바는 또한 픽트족(Picts)과 브루더스족(Brudaeus)에게 복음을 전하였는데 그 왕과 부족의 많은 사람들이 기독교로 개종했다. 541년경 에티오피아 왕 아다드(Adad)는 만시오나리우스(Mansionarius)의 전도를 받고 개종하였으며, 다뉴브 강 건너편의 헤룰리족(Heruli) 뿐만 아니라 코카서스 산맥 근처의 아바스기족(Abasgi)도 지금 기독교 신앙을 받아들였다.

그러나 지금 로마 가톨릭의 강압적인 선교방법은 그 절정에 달하였으며 이들이 흔히 쓰는 복음 전도방법은 이방 나라들을 무력으로 정복한 후 강제로 기독교를 받아들이도록 한 후에 주교구(bishopricks)를 설립하고 선교사들을 파송하여 사람들을 훈육하는 것이었다. 예를 들어 나는 이러한 선교사역을 감당했던 몇몇 사람들을 살펴보려고 한다.

---

104) 431년 교황 셀레스틴 1세에 의해 아일랜드로 파송되었으나 433년 스코틀랜드로 사역지를 변경하였다.

105) 아일랜드의 사도라 불리는 패트릭(Patrick, 389-461)은 431년 아일랜드에 파송된 팰라디우스가 도착한지 얼마 안되어 사망하자 그 후임으로 432년에 파송되었다.

주후 596년에 수도사 오스틴(Austin),[106] 멜리투스(Melitus), 유스투스(Justus), 폴리누스(Paulinus), 그리고 루피니안(Ruffinian)은 영국에서 열심히 선교활동을 펼쳐 많은 결신자들을 얻었다. 이들 중에 가장 뛰어난 선교사로 보이는 폴리누스는 노덤버랜드[107]에서 놀라운 성공을 거두었으며 비리니우스(Birinnius)는 서 색슨족(West Saxons)들에게 복음을 전하였으며 펠릭스(Felix)는 동 앵글족(East Angles)에게 복음을 전했다.

주후 589년에 아만더스 갤러스(Amandus Gallus)는 겐트(Ghent)에서, 첼리누스(Chelenus)는 아르토이스(Artois)에서, 갤러스와 콜룸바누스(Columbanus)는 수아비아(Suabia)에서 전도했다. 648년 에기디우스 갤러스(Egidius Gallus)는 플란더스(Flanders)에서 그리고 두 명의 이발드(Evaldi)[108]는 웨스트팔리아에서 선교사역을 감당했다. 684년 윌리프레드(Willifred)는 와이트(Wight) 섬에서, 688년 킬리아누스(Chilianus)는 북부 프랑코니아에서 선교사역을 하였다. 698년 보니페이스(Boniface), 즉 위니프레드(Winifred)는 색소니(Saxony) 지방의 에르포드 인근의 투링기안족[109]에게 복음을 전하였고 윌리브로드(Willibroad)는 웨스트프리지아(West-Friesland)[110] 지역에서 전도했다.

800년 모데스투스(Modestus)가 세이브 강과 드레이브 강의 발원지에 거주하던 베네디족(Venedi)[111]에게 전도할 때 샤를마뉴 대제

---

106) 596년 교황 그레고리 1세(Gregory the Great, 540-604, 재위 590-604)는 어거스틴(Augustine, ?-604)과 40명의 수도사를 영국에 선교사로 파송했다.
107) 폴리누스는 노덤브리아 왕국에 간 최초의 선교사였다.
108) 두 명의 사도가 같은 이름을 가졌다.
109) 중부 독일에 거주하였다.
110) 네덜란드 북서부 지역
111) 유럽 동북부 지역

(Charlemagne, 재위 768-814)는 헝가리를 정복한 후 그 국민들을 강제로 기독교 신자로 만들었다. 833년 안스가르(Ansgarius, 801-865)[112]는 덴마크에서, 가우디버트(Gaudibert)는 스웨덴에서 그리고 861년경 메소디우스(Methodius, 826-885)와 씨릴(Cyril, 827-869)은 보헤미아(Bohemia)[113]에서 전도했다.[114]

500년경 스키타이인들은 불가리아를 침공하였고 기독교는 박멸되고 말았다. 그러나 870년경 불가리아인들은 다시 기독교로 개종했다. 같은 시기에 폴란드가 기독교로 개종하기 시작하였고, 이후 960년 혹은 990년경 폴란드인들과 프러시아인들 사이에서 전도활동이 전개되기 시작하였다. 이후 960년 노르웨이에서 그리고 989년 머스코비(Muscovy)[115]에서 선교 사업이 시작되었다. 1168년 스웨덴 사람들은 핀란드에서 기독교를 전파하였으며, 1386년에 리투아니아(Lithuania)가 그리고 1439년에 사모기티아(Samogitia)[116]가 기독교 국가가 되었다.

스페인 사람들은 남아메리카에서 그리고 포르투갈 사람들은 아시아에서 무력을 사용하여 그 곳 사람들을 강제로 로마 가톨릭으로 개종시켰다.[117] 1552년 예수회 선교사들(Jesuits)이 중국에 파송되었다. 인

---

112) 안스카르는 '북극의 사도'라 불린다.

113) 체코의 서부 지방, 옛 오스트리아 영토

114) 씨릴과 메소디우스 형제는 흔히 슬라브족의 사도라 불린다.

115) 모스코바의 옛 이름. 988년 러시아의 왕자 블라디미르(Vladimir, 재위 980-1015)가 세례 받은 후, 기독교가 러시아에 뿌리를 내리게 되었다.

116) 현재 리투아니아 북서부

117) 714/715년부터 780여 년간 계속된 이슬람의 이베리아 반도 지배를 끝내고, 1492년 스페인과 포르투갈은 이슬람의 최후 보루인 그라나다에서 이슬람을 몰아낸 후에(레콩키스타) 그 기세를 몰아 남미 신대륙 정복에 나섰다. 중세 로마 가톨릭교회의 선교는 아시아에서 현지 문화를 존중하는 적응식 선교(accomodation)를 했지만, 정복자로 갔던 라틴

도 사람들의 사도로 불렸던 자비에르(Xavier)는 1541년부터 1552년 사이에 동인도와 일본에서 선교하였고,[118] 17세기에는 카푸친 수도회 (Capauchins) 선교사들이 아프리카로 파송되었다. 그러나 당시 로마 가톨릭은 모든 면에서 맹목적인 열심, 강한 미신, 그리고 그 잔인성으로 악명이 높았기 때문에 로마 가톨릭교회의 신자라 하더라도 흑암의 이교도들과 마찬가지로 회개할 필요가 있다.

이렇게 거의 모든 교회가 타락했지만, 이를 피하여 고원이나 산악지대의 계곡에서 은둔하여 살아가는 몇몇 경건한 사람들도 나타났는데, 이들은 교회의 씨앗(seed)과 같은 사람들이었다. 이 은둔자들 가운데는 이곳저곳을 순회하면서 당시 교회의 타락상을 여지없이 고발하기도 하였다. 1369년경 위클리프(Wycliffe)는 영국에서 기독교 신앙을 전파하기 시작하였는데 그의 설교와 저술을 통하여 수많은 사람들이 주께 돌아왔으며 이 중에서 뛰어난 설교자들도 많이 배출되었다. 또한 그의 노력은 곧이어 영국, 헝가리, 보헤미아, 독일, 스위스, 그리고 많은 지역에 영향을 주었다. 존 후스(John Huss)와 프라하의 제롬(Jerome)은 보헤미아[119]와 인근 지역에서 담대하게 그리고 활발하게 진리의 말씀

아메리카에서는 현지 문화 파괴식 선교정책을 채택했다. 또한 "사람을 강권하여 데려다가 내 집을 채우라"(눅 14:23)는 성경 말씀을 준거(準據)로 하여 무력을 통한 강제 개종을 시도했다.

118) 최초의 예수회 선교사 자비에르(1506-1552)는 1542년 포르투갈 식민지 고아(Goa, 인도 서부 해안)에서 수개월간 사역하다가, 인도 최남단의 해안(지금의 Cape Comorin)의 하류계층 어부들(paravas)을 위해 3년간 사역했으며, 1545-1547년 말레이반도 남서 해안인 말라카(Malacca)와 인도네시아에서 2년간 사역했다. 이후 1549-1551년 일본 최초의 선교사로서 2년 3개월 동안 선교한 후, 1552년 중국 선교를 준비하다가 중국 본토가 바라보이는 작은 무인도에서 46세로 죽었다. 지금 그의 무덤은 인도 고아에 있다.

119) 체코 공화국

을 외쳤다. 다음 세기인 16세기에는 루터(Luther), 깔뱅(Calvin), 멜랑히톤(Melanchton), 부쳐(Bucer), 마터(Martyr) 등 많은 사람들이 중세 로마 가톨릭교회에 항거하여 분연히 일어서서 말씀을 전하고 기도하였으며 저술활동도 펼쳤다. 이어 많은 나라들이 하나 둘씩 로마 가톨릭의 굴레를 벗어던지고 복음의 교리를 받아들이기로 동의하였다.

영국에서는 로마 가톨릭교회의 잔혹한 통치가 있은 후, 영국 국교회의 횡포가 뒤따랐다. 그리하여 1620년 많은 경건한 신자들이 고국을 떠나 미국으로 건너가 정착하였으며, 1629년에 제2차로 신자들이 떠났다. 이들로 인하여 많은 복음적 교회(gospel church)가 세워졌으며, 이후 놀라울 정도로 그 수가 늘어났다. 그 후 주님은 자신의 보좌를 미국에 굳게 세우셨는데 사실 미국은 조금 전만하더라도 사탄이 온통 지배하던 곳이었다.

1632년 미국 뉴잉글랜드 지방의 매우 경건하고 전도 열정으로 가득 찬 목회자인 엘리엇(Eliot)이 미국 원주민(인디언)들에게 복음을 전하기 시작하여 많은 성공을 거두었다. 그 결과 인디언들을 위한 교회가 여럿 설립되었으며, 그 양육된 사람들 중에서 설교자와 교장 선생님들이 배출되었다. 그를 뒤이어 인디언 지역에 들어가서 사역한 선교사들이 생겨났는데, 고무적인 성과를 거두었다. 1743년경에는 데이빗 브레이너드(David Brainerd)가 일단의 인디언들에게 선교사로 파송되어 기도하며 복음을 전했는데, 오래지않아 많은 인디언들이 회심하는 놀라운 일이 벌어졌으며, 경이로운 성공이 그의 선교사역에 뒤따랐다. 그를 뒤이어 지금은 커크랜드(Kirkland)와 서전트(Sergeant)가 인디언 선교사역을 감당하고 있는데 하나님께서 이들의 선교사역을 축복해 주셔서 풍성한 결실을 거두고 있다.

1706년 덴마크 국왕은 지겐발크(Ziegenbalg) 외 몇 명의 목회자를 동인도 코로만델(Coromandel)[120] 해안에 있는 트랑크바르(Tranquebar)[121]에 선교사로 파송하였다.[122] 이들의 사역은 성공적이어서 많은 현지인 개종자들을 얻었다. 또한 이 지역에서 무역을 계속적으로 확대해나가던 네덜란드 동인도회사(Dutch East India Company)는 바타비아(Batavia)[123] 도시를 건설하면서 그곳에 교회도 세웠다. 그리하여 1621년 1월 3일에는 동인도회사 소속의 목사[124] 제임스 홀지보스(Hulsebos)[125]의 집례로 바타비아에서 처음으로 성찬식이 거행되었으며, 이후 몇몇 사목을 암본섬(Amboyna)[126]에도 파송하여 많은 선교의 열매를 거두었다. 또한 레

---

120) 인도의 동남 해안

121) 인도 마드라스 남쪽 해안의 덴마크령, 현재 인도의 타랑감바디(Tharangambadi)

122) 1706년 덴마크 국왕 프레데릭 4세(1671-1730)는 덴마크 내에서 선교사를 구할 수 없어서 독일 할레(Halle) 대학의 교수로 있던 경건주의 지도자 프랑케(August Hermann Francke, 1663-1727)가 선발해준 지겐발크(1683-1719)와 헨리 플뤼차우(Henry Flütschau, 1678-1747)를 최초의 개신교 선교사로 파송했다. 덴마크-할레 선교회(Danish-Halle Mission)는 선교사는 할레에서 선발하고 선교비는 덴마크 왕실에서 후원하는 협력선교 형태로 추진되었다. 이후 선교회가 선교비 부족으로 어려움을 겪을 때 영국의 '기독교 지식 보급협회'(SPCK: Society for Promoting Christian Knowledge)가 선교비 뿐 아니라 타밀어 성경을 인쇄하기 위한 인쇄기와 인쇄용지도 지원했다[변창욱, "18세기 초 덴마크-할레 선교회와 영국성공회 SPCK와의 선교협력," 「선교신학」 43 (2016): 105-136].

123) 1619년경에 세워진 현재의 인도네시아 자카르타

124) 네덜란드 동인도회사의 사목 겸 선교사였다.

125) 1618년 자카르타에 있던 홀지보스(Adriaan Jacobsz. Hulsebos)는 네덜란드 개혁교회에 편지를 보내 식민지에서 네덜란드 동인도회사의 직원들에게 세례를 줄 수 있는가? 그리고 기혼 직원들과 현지 여인들 사이에 태어난 아이들을 어떻게 할 것인가? 등의 문제를 질의했다.

126) 인도네시아의 동편 말루쿠 제도의 섬. 17세기 초 네덜란드 통치 이래 많은 개신교도가 거주하고 있다.

이덴(Leyden)에 신학교가 설립되어 목회자와 사역자들이 유명한 왈러스(Walaeus)의 지도하에 신학교육을 받았고, 이후 수년간 동인도회사가 비용을 부담하여 많은 졸업생을 동인도 지역에 파송했다.[127] 그 결과 짧은 시간 내에 대만, 말라바르(Malabar),[128] 떼르나떼(Ternate),[129] 자프나파트남(Jaffanapatnam)[130]과 콜롬바(Columba), 암본,[131] 자바(Java), 반다(Banda), 마카사(Macassar),[132] 그리고 말라바르 지역에서 수천 명의 현지인들이 우리 구주 예수 그리스도의 신앙을 받아들였다. 비록 몇몇 지역에서 선교사역이 쇠퇴하기도 했지만, 지금 실론(Ceylon)[133]과 인도네시아 수마트라(Sumatra), 자바, 암본섬과 향료 제도(spice islands)의 여러 섬 지역과 아프리카의 희망봉에 교회가 세워져 있다.

그러나 위에서 언급한 어떤 근대 선교사도 모라비안 형제단이 이룬 성공적인 선교사역과 필적할 수는 없을 것이다. 모라비안은 그린란드, 래브라도, 그리고 서인도 제도의 여러 섬에 선교사를 파송했는데 많은 성과를 거두었다. 또한 그들은 아프리카 아비시니아에도 선교사를 보

---

127) 1623년 왈러스(Anthonius Walaeus)의 지도하에 네덜란드 레이덴에 설립된 Collegium Indicum(선교대학)을 통해 이후 1633년까지 10년간 10명의 선교사들이 파송되었다.

128) 인도의 서남 해안

129) 인도네시아 동부의 말루쿠 제도 북쪽의 섬으로 암본 시는 말루쿠주(州)의 주도(州都)이다. 역사적으로 중국인과 유럽인에 의해 향료 제도(spice islands)라 불렸다. 원래 대부분의 거주민은 기독교도였으나 1980년대 인도네시아 정부가 정책적으로 이슬람교도를 암본으로 이주시킨 이후 1999년 1월부터 2002년까지 일어난 두 종파간 유혈 충돌로 수천 명이 목숨을 잃었으며 50만 명 이상이 집을 버리고 대피하였다. 2002년 4월 평화 협정이 체결되었지만, 지금도 양측간 갈등이 간헐적으로 일어나고 있다.

130) 스리랑카의 북쪽

131) 인도네시아 동부의 섬

132) 인도네시아 남 술라베시의 우중판당

133) 스리랑카

내었는데 거기서 어떤 만족할 만한 결실을 얻었는지는 모르겠다. 또한 최근에 작고한 웨슬리는 서인도 제도에서 선교활동을 한 적이 있었는데,[134] 그 지역 출신 사역자 중에 지금 카리브 해와 흑인들 사이에서 활동하는 이들이 있으며 나는 그들이 거둔 성공적인 선교 보고서를 즐거운 마음으로 읽고 있다.

---

134) 요한 웨슬리(John Wesley, 1703-1791)는 영국 국교회(성공회)의 외지 복음선교회(SPG: Society for the Propagation of the Gospel in Foreign Parts) 선교사로 1735-1737년에 영국령 미 조지아에서 사역했다.

제3부

*
*

현재의 세계 인구와
종교현황 조사

A Survey of the Present
State of the World

제3부

세계 인구와 종교현황 [135)]

    본 연구조사에서 나는 일반적인 분류 방식에 따라 전 세계를 유럽, 아시아, 아프리카, 아메리카의 4대륙으로 나누어, 각 나라의 크기와 인구수, 그리고 문명과 종교에 대해 살펴보려고 한다. 또한 세계 종교를 기독교, 유대교, 무슬림(Mahometan), 이교도(Pagan) [136)]로 분류한 다음, 특정 지역의 주요 교파 교회를 언급할 것이다. 다음의 표를 보면 내가 다루려고 하는 위의 주제를 더 잘 이해하게 될 것이다.

유 럽

국가	크기		거주 인구	종교 현황
	길이(마일)	너비(마일)		
영국	680	300	12,000,000	여러 교파의 개신교
아일랜드	285	160	2,000,000	개신교와 천주교
프랑스	600	500	24,000,000	천주교, 이신론자, 개신교

---

135) 캐리는 전 세계를 4대륙으로 구분한 후, 나라별로 크기(길이와 너비), 인구수, 종교 실태를 분석함으로써 당시의 세계선교정보를 제공한다.

136) 캐리는 종교현황 조사에서 힌두교, 불교를 구분하지 않고 그 모두를 이교도로 분류하고 있다.

국가	크기		거주 인구	종교 현황
	길이(마일)	너비(마일)		
스페인	800	500	9,500,000	천주교
포르투갈	300	100	2,000,000	천주교
스 웨 덴: 스웨덴 본토, 고트랜드섬, 쇼넨, 라프랜드, 보트니아, 핀란드 포함	800	500	3,500,000	스웨덴 사람들은 경건한 루터교 신자이지만 대부분의 라프랜더들은 이교도로서 강한 미신에 사로잡혀있다.[135]
고트랜드 섬[136]	80	23	5,000	
외설 섬	45	24	2,500	
외랜드 섬	84	9	1,000	
다고 섬	26	23	1,000	
알란드 섬	24	20	800	
호그랜드 섬	9	5	100	
덴마크	240	114	360,000	헬비틱[137] 신앙을 가진 루터교 신자
질랜드 섬	60	60	284,000	상동
푸넨 섬	38	32	144,000	상동
아로외 섬	8	2	200	상동
아이슬란드 섬	435	185	60,000	상동
랑게란드 섬	27	12	3,000	상동
랄란드 섬	38	30	148,000	상동

137) 라프랜더 사람들은 노르웨이, 스웨덴, 핀란드 등지의 스칸디나비아 원주민을 지칭한다.

138) 고틀란드섬, 외설섬, 호그랜드 섬은 모두 발틱해에 있으며 다고섬은 핀란드만에 있고, 알란드섬은 스웨덴 남동쪽 발틱해에 있다.

139) 스위스 개혁교회의 신앙 전통을 말한다.

국가	크기		거주 인구	종교 현황
	길이(마일)	너비(마일)		
팔스터 섬	27	12	3,000	상동
모나 섬	14	5	600	상동
알센 섬	15	6	600	상동
페메렌 섬	13	8	1,000	상동
보른홀름 섬	20	12	2,000	루터교
그린랜드	미지의 지역		7,000	모라비안
노르웨이	750	170	724,000	루터교
24개의 파러 섬			4,500	상동
덴마크 라프랜드	285	172	100,000	루터교, 이교도
폴란드	700	680	9,000,000	천주교, 루터교, 칼빈파, 유대교
프러시아[138]	400	160	2,500,000	칼빈파, 천주교, 루터교
사르디니아	135	57	600,000	천주교
시칠리	180	92	1,000,000	상동
이태리	660	120	20,000,000	상동
네덜란드 공국	150	150	2,000,000	여러 교파의 개신교
오스트리아 네덜란드[139]	200	200	2,500,000	천주교, 개신교
스위스	200	100	2,880,000	상동
그리슨	100	62	800,000	루터교, 천주교
골(Gall)수도원	24	10	50,000	상동

140) 여러 나라에 흩어져있는 프러시아 통치지역은 각 나라의 통계에 포함되어 있다.

141) 벨기에와 룩셈부르크

국가	크기		거주 인구	종교 현황
	길이(마일)	너비(마일)		
노이쇄텔	32	20	100,000	칼빈주의자
발라이스	80	30	440,000	천주교
폴리칸드라 섬	둘레 8		400	희랍 정교회, 천주교
밧모 섬	둘레 18		600	상동
세판토 섬	둘레 36		5,000	희랍 정교회
클라로스 섬	둘레 40		1,700	이슬람
아모르고 섬	둘레 36		4,000	희랍 정교회
레로스 섬	둘레 18		800	기독교, 이슬람
테르미아 섬	둘레 40		6,000	희랍 정교회
스탬팔리아 섬	둘레 50		3,000	상동
살라미 섬	둘레 50		1,000	상동
스카르판타 섬	둘레 20		2,000	상동
세팔로니아 섬	둘레 130		50,000	상동
잔트 섬	둘레 50		30,000	희랍 정교회
마일로 섬	둘레 60		40,000	상동
코르푸 섬	둘레 120		60,000	상동
캔디아 섬 (그레데)	200	60	400,000	희랍 정교회, 이슬람
쿠스 (스탠치아)	둘레 70		12,800	이슬람, 기독교
로즈	60	25	120,000	상동
구브로	150	70	300,000	이슬람

아 시 아

국가	크기		거주 인구	종교 현황
	길이(마일)	너비(마일)		
아시아의 터키 (아나톨리아, 시리아, 팔레스타인, 디아베크르, 투르코마니아, 조지아 포함)	1,000	800	20,000,000	대부분 무슬림, 그러나 희랍 정교회, 천주교, 유티키안[140), 아르메니안 신자들도 많다.
아라비아	1,300	1,200	16,000,000	회교
페르시아	1,280	1,140	20,000,000	알리파 무슬림[141)
대 타타르	4,000	1,200	40,000,000	무슬림, 이교도
시베리아	2,800	960	7,500,000	희랍 정교회, 이교도
사모제디아	2,000	370	1,900,000	이교도
캄차카	540	236	900,000	상동
노바 젬블라	미지의 지역		소수의 거류민	상동
중국	1,400	1,260	60,000,000	상동
일본 (일본 열도)	900	360	10,000,000	상동
시모 섬	210	200	3,000,000	상동
코코 섬	117	104	1,800,000	상동
쓰시마 섬	39	34	40,000	상동
이끼 섬	20	17	6,000	상동
쿠비테시마 섬	30	26	8,000	상동

---

142) 단성론자

143) 페르시아 무슬림은 이슬람 종파 중에 시아파에 속한다.

국가	크기		거주 인구	종교 현황
	길이(마일)	너비(마일)		
마토운사 섬	54	26	50,000	상동
파스티스티아 섬	36	34	30,000	상동
피란도 섬	30	28	10,000	상동
아마쿠사 섬	27	24	6,000	상동
아와시 섬	30	18	5,000	상동
인도 (간지스강 북쪽)	2,000	1,000	50,000,000	무슬림, 이교도[142]
인두스탄[143]	2,000	1,500	110,000,000	상동
티벳	1,200	480	10,000,000	이교도
실론 섬	250	200	2,000,000	이교도, 화란 개혁교도
몰디브 제도[144]	1,000여개의 섬		100,000	회교
수마트라 섬[145]	1,000	100	2,100,000	무슬림, 이교도
자바 섬	580	100	2,700,000	상동
티모르 섬[146]	2,400	54	300,000	무슬림, 이교도, 소수의 그리스도인
보르네오 섬[147]	800	700	8,000,000	상동
세레베스 섬	510	240	2,000,000	상동
부탐 섬	75	30	80,000	무슬림

---

144) 이교도(Pagan)는 힌두교도(Hindus)를 지칭한다.

145) 힌두교도의 나라(Indostan)라는 뜻으로 인도의 갠지스강과 인더스 강 사이의 지역

146) 인도양의 섬나라로서 순니파 무슬림들이 살고 있다.

147) 인도네시아 영토

148) 2002년 5월 20일 동 티모르는 독립하였고, 서 티모르는 인도네시아 영토로 남아 있다.

149) 깔리만딴 섬

국가	크기		거주 인구	종교 현황
	길이(마일)	너비(마일)		
카펜틴 섬	30	3	2,000	개신교
우라투어 섬	18	6	3,000	이교도
풀로라우트 섬	60	36	10,000	상동

마나르의 작은 섬들 이외에, 아리펜, 카라디비아, 펜간디바, 아나라티바, 나이난디바, 닌눈디바의 여러 섬에 개신교인들이 거주하고 있다. 또한 방카, 마두라, 발리, 람베크, 플로레스, 솔로, 레오라나, 판테라, 미스콤비 등의 섬에는 이교도와 무슬림이 거주하고 있다.

몰루카 제도:

반다 섬	20	10	6,000	이교도, 무슬림
부로 섬	25	10	7,000	상동
암본 섬	25	10	7,500	기독교 (25개의 화란 개혁교회)
세람 섬	210	45	250,000	이교도, 무슬림
길로라 섬	190	110	650,000	상동

풀로-웨이, 풀로-린, 네라, 구암나퍼, 궐리아이엔, 떼르나떼, 메터, 마치안, 바치안 등의 섬에는 이교도와 무슬림들이 거주한다.

필리핀에는 11,000여개의 섬이 있는데 그중 중요한 섬들은 다음과 같다.

민다나오 섬	60	40	18,000	이교도, 무슬림
보홀 섬	24	12	6,000	상동
레이테 섬	48	27	10,000	상동
파라곤 섬	240	60	100,000	상동
카라민즈는 세부	60	24	10,000	천주교
민도라 섬	60	36	12,000	이교도, 무슬림

국가	크기		거주 인구	종교 현황
	길이(마일)	너비(마일)		
필리피나 섬	185	120	104,000	상동
네그로스 섬	150	60	80,000	천주교
마닐라 섬			31,000	천주교, 이교도

라드론 제도[148]의 대부분 지역에는 미개한 이교도가 거주하고 있다.

국가	길이(마일)	너비(마일)	거주 인구	종교 현황
뉴홀랜드	2,500	2,000	12,000,000	이교도 (1~2명의 선교사 사역중)
뉴질랜드[149]	960	180	1,120,000	상동
뉴기니	1,000	360	1,900,000	상동
뉴브리턴	180	120	900,000	상동
뉴아일랜드	180	60	700,000	상동
온롱자바	섬의 군락지대			상동
뉴칼레도니아	260	30	170,000	상동
뉴헤브리드즈				상동
프렌들리 제도	20개의 섬			상동
샌드위치 제도[150]	7개의 섬		400,000	상동
소사이어티 섬	6개의 섬		800,000	상동
쿠라일 섬	45개의 섬		50,000	상동
펠류 섬				상동
우나라쉬크라 섬	40	20	3,000	상동
기타 남방 섬들				상동

150) 뉴기니와 일본 중간에 위치한 괌과 북부 마리아나스 제도를 포함하는 지역

151) 두 개의 섬으로 이루어져 있다.

152) 하와이 섬

아 프 리 카

국가	크기		거주 인구	종교 현황
	길이(마일)	너비(마일)		
이집트	600	250	2,200,000	무슬림, 유대교
누비아	940	600	3,000,000	상동
바바리	1,800	500	3,500,000	무슬림, 유대교, 기독교
발레덜거리드	2,500	350	3,500,000	무슬림, 기독교, 유대교
사하라 사막	3,400	660	800,000	상동
아비시니아	900	800	5,800,000	아르메니안 기독교
아벡스	540	130	1,600,000	기독교, 이교도
네그로랜드	2,200	840	18,000,000	이교도
로안고	410	300	1,500,000	상동
콩고	540	220	2,000,000	상동
앙골라	360	250	1,400,000	상동
벤구엘라	430	180	1,600,000	상동
마타만	450	240	1,500,000	상동
아잔	900	300	2,500,000	상동
잔구에바	1,400	350	3,000,000	상동
모노에무기	900	660	2,000,000	상동
소팔라	480	300	1,000,000	상동
테라 데 나탈	600	350	2,000,000	상동
카스라리아 (호텐토트 지역)	708	660	2,000,000	이교도, 케이프에 소수의 그리스도인
마다가스카르 섬	1,000	220	2,000,000	이교도, 무슬림
세인트 메어리 섬	54	9	5,000	프랑스 천주교

국가	크기		거주 인구	종교 현황
	길이(마일)	너비(마일)		
마스카린 섬	39	30	17,000	상동
세인트 헬레나 섬	둘레 21		1,000	영국과 불란서의 그리스도인
안나본 섬	16	14	4,000	포르투갈의 천주교도
세인트 토마스 섬	25	23	9,000	이교도
조코트라 섬	80	54	10,000	무슬림
코모라 제도	5개의 섬		5,000	상동
모리터스 섬	둘레 150		10,000	불란서 천주교
부르봉 섬	둘레 90		15,000	상동
마데이라 제도	3개의 섬		10,000	천주교
카포베르데 제도	10개의 섬		20,000	상동
카나리 제도	12개의 섬		30,000	상동
아조레스 제도	9개의 섬		100,000	상동
말타 섬	15	8	1,200	상동

아 메 리 카

국가	크기		거주 인구	종교 현황
	길이(마일)	너비(마일)		
브라질	2,900	900	14,000,000	이교도, 천주교
파라과이	1,140	460	10,000,000	이교도
칠레	1,200	500	2,000,000	이교도, 천주교
페루	1,800	600	10,000,000	이교도, 천주교
아마존 유역	1,200	900	8,000,000	이교도

국가	크기		거주 인구	종교 현황
	길이(마일)	너비(마일)		
테라 피르마(육지)	1,400	700	10,000,000	이교도, 천주교
기아나	780	480	2,000,000	상동
테라 마제라니카	1,400	460	9,000,000	이교도
올드멕시코	2,200	600	13,500,000	이교도, 천주교
뉴멕시코	2,000	600	3,700,000	여러 교파의 기독교
미합중국[151]	1,000	600	3,700,000	여러 교파의 기독교
래브라도, 노바 스코티아, 루이지애나, 캐나다 그리고 멕시코에서 허드슨만까지의 모든 내륙 지역	1,680	600	8,000,000	여러 교파의 기독교, 그러나 대부분의 북미 인디언들은 이교도
캘리포니아와 서해안을 따라 남위 70°까지와 위의 지역과 만나는 내륙 지역	2,830	1,380	9,000,000	이교도
북위 70° 이북의 모든 지역	미지의 지역			이교도
브레튼 갑(岬)	400	110	20,000	기독교
뉴펀들랜드 갑	350	200	1,400	개신교
컴버랜드섬 갑	780	300	10,000	이교도
마드레 드 디오스 갑	105	30	8,000	상동
테라 델 푸에고 갑	120	36	5,000	상동

153) 1792년 당시 미국에는 동북부의 13개 주(州)만 존재했다.

국가	크기		거주 인구	종교 현황
	길이(마일)	너비(마일)		
호온갑(岬) 인근의 모든 섬들:				이교도
버뮤다 제도	16	5	20,000	반은 영국인, 반은 노예
소 앤틸리스 열도(列島):				
아루바	5	3	200	화란인, 흑인 이교도
쿠라카오	30	10	11,000	상동
보나이레	10	3	300	상동
마가리따	40	24	18,000	스페인 사람, 흑인 이교도
세인트 트리니다드	90	60	100,000	상동
바하마 제도:				
바하마	50	16	16,000	이교도
프로비던스	28	11	6,000	상동
엘루테라, 하버, 루카요네구아, 안드로스, 씨가테오, 구안리아나, 유메타, 사마나, 유마, 마야구아나, 이나구아, 까이에오스, 트라이앤귤라				상동
앤틸리스 열도(列島):				
쿠바	700	60	1,000,000	천주교
자마이카	140	60	400,000	영국인, 흑인 이교도
산토 도밍고	450	150	1,000,000	프랑스, 스페인, 흑인
푸에르토리코	100	49	300,000	스페인, 흑인
바체(카우섬)	18	2	1,000	상동
버진 제도는 12개의 섬으로 되어있고, 그중 주요 섬은 데인즈 섬이다.				개신교

국가	크기		거주 인구		종교 현황
	길이(마일)	너비(마일)			
카리브해 지역:					
세인트 크루즈	30	10	13,500		덴마크 개신교
앵귈라	30	9	6,000		개신교, 흑인
세인트 마아틴	21	12	7,500		상동
세인트 바돌로뮤	6	4	720		상동
바부다	20	12	7,500		상동
사바	5	4	1,500		상동
과다루페	45	38	50,000		천주교, 이교도 흑인
마리갈란테	15	12	5,400		상동
토바고	32	9	2,400		상동
데시아다	12	6	1,500		상동
그라나다	30	15	13,500		영국인, 흑인 이교도
세인트 루씨아	23	12	5,000		영국인, 흑인 이교도, 카리브 이교도 원주민
세인트 유시타티아	6	4	백인	흑인	화란인, 영국인, 기타
			5,000	15,000	
세인트 크리스토퍼	20	7	6,000	36,000	영국인
네비스	6	4	5,000	10,000	영국인
안티구아	20	20	7,000	36,000	상동
몬트세라트	6	6	5,000	10,000	상동
마르티니코	60	30	20,000	50,000	프랑스인
세인트 빈센트	24	18	8,000	5,000	8천명은 카리브 원주민
바바도스	21	14	30,000	100,000	영국인

국가	크기		거주 인구		종교 현황
	길이(마일)	너비(마일)	백인	흑인	
도미니카	28	13		40,000	2천명은 카리브해 원주민
세인트 토마스	둘레 15			8,000	덴마크 개신교

위의 표는 지금 내가 구할 수 있는 거의 모든 정보를 바탕으로 만든 전 세계 현황이다. 그러나 터키, 아라비아, 대 타타르(Great Tatary), 아프리카, 미국을 제외한 아메리카 대륙, 그리고 대부분의 아시아 도서 국가의 거주 인구수에 관한 신뢰할 만한 통계자료는 구할 수 없었다. 그래서 각 나라의 면적을 계산한 후, 평방 마일 당(當) 같은 수치를 곱해 인구수를 얻었다. 상황에 따라 어떤 나라의 인구수는 좀 더 늘렸고, 일부 나라의 인구수는 줄였다. 아래에서 나라별 인구수에 대한 일반적인 부연설명을 좀 더 하겠다.

첫째, 본인의 계산에 의하면, 전 세계 인구는 약 7억 3천 1백만 명이다.

그중 4억 2천만 명은 아직도 예수를 믿지 않고 흑암에 살고 있다. 1억 3천만 명의 무슬림, 1억 명의 로마 가톨릭 신자, 4천 4백만 명의 개신교 신자, 3천만 명의 희랍 정교회와 아르메니안 교회 신자들이 있다. 또한 7백만 명의 유대인이 살고 있을 것으로 추정한다. 조금 생각이 깊은 신자라면 대부분의 세상 사람들이 여전히 이방의 흑암 속에 살아가고 있다는 상황을 무척 통탄스러워 할 것이다.[154] 이 불신자들은 하나님의

---

154) 캐리에 의하면, 전 세계 인구 중 기독교인(23.80%), 무슬림(17.78%), 유대교(0.96%)이고, 전체 인구 중 불신자 비율은 76.20%로 나타난다.

창조물 외에는 참 하나님을 알 수 있는 아무런 수단도 갖고 있지 못하며, 예수 그리스도의 복음을 듣거나 접할 수 있는 기회를 전혀 갖고 있지 못한 상황에 놓여있다.

그중에는 표기할 문자가 없어 자기 말로 된 성경(Bible)이 없는 나라들이 많으며, 사람들은 매우 유치한 관습과 전통에 사로잡혀 살아가고 있다. 중앙아메리카 모든 지역과 북아메리카의 후미진 지역과 남아메리카 내륙 지역 그리고 남태평양의 섬들과 뉴 홀란드[155], 뉴질랜드, 뉴기니 등이 그 대표적인 나라이다. 대 타타르, 시베리아, 사모제디아, 그리고 얼음이 어는 바다에 접해있는 아시아의 몇몇 지역과, 아프리카 대부분 지역과 마다가스카르 섬과 인근 지역들도 여기에 해당된다.

위의 여러 지역에는 식인종(cannibal)이 아직도 존재하여, 죽인 적군의 고기를 열심히 잡아먹는 잔인한 풍습이 남아 있다. 이러한 사실은 고인이 된 뛰어난 항해가인 뉴질랜드의 쿡(Cooke) 선장과 아메리카 서해안의 몇몇 거주민에 의해서도 분명하게 확인되었다. 이들은 인간을 희생 제물로 자주 바치곤 했는데, 일주일에도 몇 번씩 희생제를 드리는 경우를 볼 수 있다. 이들 부족은 대개 불쌍하며, 야만적이며, 옷도 입지 않고 사는 이교도들이며, 발달한 문명이나 참된 종교를 소유하지 못하고 있다.

둘째, 이 불쌍한 이교도들이 아무리 미개하다고 할지라도 그들도 우리처럼 지식을 습득할 능력이 있다고 생각한다.

이교도들은 적어도 여러 지역에서 자신들의 비범한 능력과 학습능력을 보여주었다. 그러므로 나는 이들이 보여준 파괴적이고 잔인한 행

---

155) 오스트레일리아

동 대부분이 위협을 받게 된 상황에서 이루어졌다는 데에 의심의 여지가 없다. 정확하게 말하자면, 이러한 야만적 행위는 이들의 잔혹하고 피에 굶주린 기질을 드러내는 증거가 아니라, 자기 방어(self-defence)를 위한 행동이었다고 나는 생각한다.

셋째, 말레이 제도와 중국과 일본 등은 문자를 가지고 있는 민족이지만 복음을 알지 못한다.

예수회 선교사들(Jesuits)은 한때 중국에서 많은 로마 가톨릭 개종자들을 얻었다.[156] 그러나 이 로마 가톨릭 신자들의 최고의 목표는 동료 중국인들로부터 선량한 평판을 얻는 것인 것처럼 보였다. 비록 중국 개종자들이 자신들을 그리스도인이라고 고백했지만, 이들은 자신들에게 최고의 윤리적 표준을 가져다준 공자(孔子)의 상(像) 앞에 제사를 드리는 것이 허용되었다.[157] 이후 로마 가톨릭 선교사들의 야심찬 계획은 중국 조정의 미움을 받아 가톨릭교회의 중국 선교는 억압을 받게 되었고, 중국에서 기독교는 완전 박멸은 아니라 할지라도 거의 없어지게 되었다.[158] 또한 유럽인들은 가는 곳마다 문란한 생활과 악한 행동을 하

---

156) 1700년 당시 중국에는 20여만 명의 천주교인이 있었다.

157) 1601년 중국 북경에 입국한 예수회의 마테오 리치(Matteo Ricci, 1552-1610)는 현지 문화를 긍정적으로 보는 '문화 적응식 선교'(accomodation)를 하여 공자 숭배와 조상제사를 우상숭배로 여기지 않고 허용하였다.

158) 마테오 리치가 죽은 후에 그와 다른 '백지 상태'(tabula rasa) 접근법을 따르는 프란시스 수도회와 도미니크 수도회 선교사들이 입국하면서 리치가 허용한 조상 제사 의식을 둘러싼 갈등이 야기되어 '전례 논쟁(典禮論爭)'이 생겨났다. 이후 로마 교황과 중국 황제까지 이 격렬한 논쟁에 개입하게 되었다. 1704년 교황 클레멘트 11세가 조상 제사를 정죄하자, 이에 반발하여 황제 강희(康熙)는 1717년 중국에서 모든 선교사를 추방하고 교회를 폐쇄하였다.

였으며,[159] 그 결과 이들과 가까이 한 이교도들의 엄격한 삶까지도 더 나빠지게 만들었다는 점은 서글픈 소식이다!

넷째, 아시아와 아프리카의 대부분 지역과 유럽의 일부 지역에는 무슬림들이 거주하고 있다.

할리파(sect of Hali)[160]에 속하는 페르시아[161]의 무슬림들은 터키족(Turks)과는 뿌리 깊은 원수였다.[162] 터키족 사람들도 페르시아 사람들을 혐오하고 있다. 아프리카에는 가장 무지한 무슬림들이 거주하고 있는데, 특히 아프리카 북부에 흩어져 살고 있는 아랍 사람들은 이웃 종족들을 지속적으로 약탈하면서 살아가고 있다.

다섯째, 이름뿐인 명목상의 그리스도인들에 관해 말하자면, 이들 중 많은 이들이 놀라울 정도로 성경에 무지하며 비도덕적인 일을 자행하고 있다.

모든 국가 내에 소위 그리스 정교회와 아르메니아(Armenia) 교회 교인들도 같이 거주하고 있는데, 이들은 무슬림들보다 더 무지하고 부도덕한 삶을 살아가고 있는 것 같다. 카스피해 연안에 사는 조지아(Georgia)의 그리스도인들은 그들의 이웃과 친척과 자녀들을 터키와 페르시아 사람들에게 노예로 팔아 받은 돈으로 생계를 유지한다. 또한

---

159) 포르투갈이나 유럽인들은 파랑기(Parangi)로 불렸는데, 인도 상류층(브라만)에서 이들의 문란하고 비도덕적인 삶에 대한 혐오감이 강했다.
160) 알리파(sect of Ali) 무슬림을 말한다. 알리파는 시아파(Shi'ite)에 속하며, 시아파는 오늘날 전 세계 무슬림의 10-13%를 차지한다.
161) 1935년 이란(Iran)으로 국호 변경
162) 터키족의 99.8%는 순니파(Sunni)에 속한다.

만약 아나톨리아(Anatolia)[163]의 그리스 정교회 신자 중 일부가 무슬림으로 개종한다고 해도, 터키 사람들은 이들을 결코 존중하지 않을 것이라는 점에 주목할 필요가 있다. 왜냐하면 터키인들은 이들의 속임수와 위선적인 행동을 잘 알고 있기 때문이다. 대부분의 희랍 정교회 교인들이 매우 무지하다는 것은 널리 알려져 있는 사실이다.

일반적으로 말해서, 로마 가톨릭 교인들도 하나님의 말씀에 무지하고 매우 부도덕한 삶을 살아가고 있다. 영국 성공회(Church of England) 역시 말씀에 대한 지식이나 성결한 삶이라는 면에서 가톨릭 교인들보다 나을 게 없다. 그 외의 영국 내 모든 교파의 비(非)국교도(Dissenters)[164] 가운데에서도 죄악과 부절제한 삶의 모습을 많이 찾아볼 수 있다. 덴마크의 루터교 신자들도 영국교회 신자들의 형편과 별로 다르지 않다. 대부분의 기독교 국가에서 영적 무지와 위선, 그리고 방탕의 무서운 모습이 나타나고 있다. 여러 가지 해로운 죄악이 전 세계의 거의 모든 기독교 지역(Christendom)에서 점점 더 기승을 부리고 있다. 복음의 진리뿐 아니라 심지어 기독교 복음까지도 공격을 받고 있다. 사탄은 우리 구주 예수 그리스도의 왕국을 무너뜨리기 위해 온갖 방법과 책략을 동원하고 있다.

이상의 모든 사실은 우리 그리스도인들과 특별히 목회자들이 사역의 여러 분야에서 최선의 노력을 다할 것과 사역의 장막터를 최대한 넓혀나갈 것을 강력하게 요청하고 있다.

---

163) 터키 지역
164) 윌리엄 캐리가 속한 침례교는 비국교도에 속한다.

William Carey
(1761-1834)

제4부

⁂

선교의 장애물과
실제적 선교방안

The Practicability of Something Being Done,
More than What is Done,
for the Conversion of the Heathen

제4부

선교의 장애물과 실제적 선교방안

이교도들에게 복음을 전할 때, 다음의 5가지 장애 중에 하나 혹은 그 이상의 장애가 발생하여 이방 선교를 어렵게 만들 거라고 나는 생각한다. 즉 ① 그들이 우리와 멀리 떨어져있는 거리적 요인, ② 현지인들의 잔인하고 야만적인 생활 방식, ③ 현지인들에게 살해당할 수 있는 위험성, ④ 생필품(生必品) 조달의 어려움, ⑤ 난해한 이방 언어 습득의 문제가 생겨날 수 있다.

첫째, 이교도들이 거리적으로 너무 멀리 떨어져 있는 문제에 대해 살펴보자.

항해용 나침반이 발명되기 이전에 원거리 이동의 문제가 제기되었다면, 거리 문제가 이방 선교의 반대 이유가 될 수 있었을는지 모른다. 그러나 지금은 어떤 그럴듯한 설명을 붙인다 해도, 거리 문제는 선교의 장애가 될 수 없다. 오늘날 우리는 지중해 혹은 그보다 작은 바다까지 항해해 갈 수 있으며, 더 멀리 떨어진 거대한 남태평양 바다까지도 매우 정확하게 갈 수 있기 때문이다.

또한 하나님은 우리가 이방 선교를 시도할 수 있는 방향으로 주위 여건을 조성해 가시는 듯하다. 우리가 선교하려는 많은 지역에서 활발하게 상업 활동을 펼치고 있는 무역 회사들[165]이 있는데 바로 그곳에 야만인들(barbarian)이 살고 있음을 우리는 알고 있기 때문이다. 최근에 발견된 지역을 방문하거나, 미지의 지역들을 탐험하기 위하여 출항하는 배들도 하나 둘씩 생겨나고 있다.

또한 이교도들의 무지와 잔혹함에 대한 새로운 기사거리도 이방에 대한 우리의 연민을 불러일으키며, 또한 우리로 하여금 이교도를 영원한 복음으로 구원하는 일에 분발하도록 하시는 하나님의 섭리를 깨닫게 한다. 성경도 이러한 방법에 주목하고 있는 것 같다.

"곧 섬들이 나를 앙망하고 다시스의 배들이 먼저 이르되 원방에서 네 자손과 그 은금을 아울러 싣고 와서 네 하나님 여호와의 이름에 드리려 하며..."(이사야 60:9)

이 말씀은 세상 끝 날에 (이사야 60장 전체가 예언임이 분명하다) 교회가 널리 확산되는 영광스러운 시대에 무역이 온 세계의 복음 전파에 도움을 줄 것이라는 점을 암시한다. 다시스의 배들은 여러 지역들을 왕래하며 항해하던 무역선이었다. 그러므로 이 사실은 많은 뜻을 내포하고 있는데, 항해 특히 '무역선을 통한 항해'가 하나님의 선교 사업을 수행함에 있어서 하나의 중요한 수단이 될 것을 가리킨다.[166] 또한 이 구절은

---

165) 17세기 이후 아시아 등지에서 활발한 무역활동에 종사하던 네덜란드 동인도회사(1601년 설립)와 영국의 동인도회사(1600년 설립)를 말한다.

166) 캐리 당시 영국 동인도 회사는 선교사들의 입국과 동인도 회사의 상선 이용을 금지했다. 선교활동으로 힌두교도들이 문제를 일으키면 자신들의 무역 활동에 어려움이 초래할

선교하는 데에 상당히 많은 돈이 소요될 것을 암시하는 말이기도 하다.

둘째, 이교도들의 미개하고 야만적인 생활 방식에 대해 살펴보자.

자신의 안락함만을 추구한 나머지 다른 사람들을 위해 기꺼이 불편함을 감내할 의지가 없는 사람들을 제외하고는, 이방의 미개한 생활 방식 또한 선교의 장애가 될 수 없다.

이것은 사도들과 그 이후의 사도들에게도 결코 장애가 되지 않았다. 그들은 야만적인 '게르만족'과 '고올 사람들'(Gaul)[167] 그리고 이들보다 훨씬 더 야만적이던 영국 원주민 '브리턴족'에게 들어가 선교했기 때문이다! 전도자들은 고대의 여러 야만족이 문명화될 때를 기다렸다가, 그 이후 들어가 이들을 기독교화(Christianize)시킨 것이 아니었다. 단지 그들은 십자가의 도(道)를 가지고 나아갔던 것이다. 그리하여 터툴리안(Tertullian)은 "로마 군대의 침략도 이겨냈던 영국의 이교도 지역이 그리스도의 복음으로 정복당하고 말았다"고 자랑스럽게 외쳤다.

그리고 이후 시대에 미국 인디언 선교를 한 엘리엇(Eliot)이나 브레이너드(Brainerd)에게 있어서도 현지인의 야만성은 선교에 장애가 되지 않았다. 그들 역시 같은 종류의 어려움에 직면했지만, 복음전파를 위해 앞으로 나갔다. 그들은 야만인들이 기쁜 마음으로 복음을 받아들이는

것이라는 우려 때문이었다. 1793년 영국 식민지인 인도에 간 캐리는 동인도 회사의 통행증을 발급받지 못해, 영국 상선을 타지 못하고 덴마크 배를 이용했고, 1799년 인도로 간 캐리의 동역 선교사 마쉬맨(Marshman)과 워드(Ward)는 미국 배를 이용할 수밖에 없었다. 마침내 1813년 영국 의회의 윌리엄 윌버포스(William Wilberforce, 1759-1833)를 비롯한 클래팜 파(Clapham Sect)의 노력으로 동인도 회사의 헌장이 개정되고, 소위 '경건 조항'(pious clause)이 삽입되어 그후 선교사들이 인도에 갈 수 있는 길이 열리게 되었다.
167) 서유럽(프랑스, 벨기에, 이태리 북부, 네덜란드 남부)에 거주

행복한 결과를 맛보았다. 이러한 결과는 야만인들이 아무리 오랫동안 유럽인과 교제해도 얻지 못했던, 복음 없이는 결코 얻을 수 없는 행복이라는 것을 깨달았다.

교역활동에 종사하는 사람들에게 있어서도 이는 반대 이유가 되지 못한다. 무역상들이 몇 개의 수달 가죽을 팔아서 생기는 이익을 위하여 그렇게 애착을 갖고 일하듯이, 그들이 가진 만큼의 애정을 가지고 우리도 불신 동포와 죄인들의 영혼 구원을 위해 일해야 하며, 그렇게 되면 이 모든 어려움은 쉽게 극복할 수 있을 것이다.

어쨌든, 이교도들이 미개한 상태에 있다는 사실은 이교도 선교를 '가로 막는' 장애 요인이 아니라, 이교도 선교를 '해야 하는' 논리적 근거(argument)가 되어야 한다. 우리 그리스도인들은 대부분의 이교도들이 영적 무지와 야만에 사로잡혀 있는 것을 알고 있지 않은가? 그들도 우리와 같은 인간이며, 우리와 같은 불멸의 영혼을 지니고 있고, 우리처럼 복음의 위대함을 드러내며, 전도나 글쓰기나 예배를 통하여 구세주의 이름에 영광을 돌릴 뿐 아니라, 교회에 유익을 줄 수 있는 능력을 소유하고 있다. 또한 우리는 그들이 복음을 듣지 못하고, 정부 조직이나 법률도 갖지 못하고, 인문과학과 자연과학도 배우지 못했다는 것을 알고 있지 않은가? 인간의 정서와 그리스도인의 마음을 가지고 있으면서도 우리는 그들을 위해 아무런 노력도 기울이고 있지 않는 것은 아닌가?

복음 전파가 이교도들을 문명화(civilization)시키는 가장 효과적인 수단이 아니겠는가?[168] 복음을 통해 문명화된 이교도들이 사회에 유익한

---

168) 근대 개신교 선교 초기인 18세기와 19세기 초까지 '문명화'와 '복음화' 가운데 어느 것에 우선순위를 두어야하는가에 관한 문제는 분명하게 규정되지 않았다. 반 덴 버그(van den Berg)는 캐리가 '문명화'와 '복음 전파'를 하나로 묶어 이해했다고 주장하였다 (Bosch, *Transforming Mission*, 296). 하지만 캐리는 기독교와 서구 문화의 우월성을 확

구성원으로 바뀌지 않겠는가? 앞서 언급한 바 있는 엘리엇, 브레이너드 등 미국 인디언들 속에 들어가 사역했던 선교사들의 노력을 통하여 우리는 이러한 결과가 어느 정도 분명하게 나타났음을 알고 있다. 또한 세계의 다른 선교지에서 이와 유사한 선교적 시도가 행해지고 하나님의 축복이 뒤따른다면 (우리는 하나님이 선교 사역을 축복해 주시리라고 당연히 믿는데), 비록 지금은 이교도들이 사람같이 보이지 않지만, 언젠가 저들 가운데서 유능한 신학자들이 배출되고 저들이 저술한 기독교 진리를 변호하는 훌륭한 신학 논문들(treaties)을 우리가 읽게 될 날을 기대할 수 있지 않겠는가?

셋째, 선교지에서 이교도들에게 죽임을 당할 수 있는 위험성에 대해 살펴보자.

선교사로 나가는 사람은 누구나 자기 생명을 주님의 손에 맡겨야 하며, 혈육에 의지해서는 안 된다. 하지만 이방 선교의 목적이 선하고, 그것이 하나님의 피조물인 우리 그리스도인들에게 부과된 책임이며, 또한 우리의 불신 동포들이 멸망받을 상태에 놓여있다는 사실은, 우리가 이교도 구원을 위해 모든 위험을 무릅쓰고서라도 사람들을 파송하고 마땅한 노력을 모두 기울일 것을 강력하게 요구하고 있지 않는가?

"우리 주 예수 그리스도의 이름을 위하여 자신들의 생명을 아끼지 아니한"[169] 전도자 바울과 바나바는 무모한 행동을 했다고 비난받은 것이 아니라, 오히려 칭송을 받았다. 한편 위험한 상황 속에 시작된 제1차

신하였고, 복음화가 문명화를 가져 온다고 믿었다.

169) 행 15:26

선교여행 중에 겁이 나서 선교팀을 버리고 떠난 마가 요한은 비난을 받았다.

결국 이미 살펴보았듯이 야만인들(savages)이 외부인들에게 가했던 잔인한 행동 대부분이 방문자들을 실제로 해치거나 해칠 의도에서 비롯된 것이었다는 주장에 나는 동의할 수 없다. 야만인들의 잔혹한 행동은 정확하게 말하면, 그들의 사나운 기질을 나타내는 증거가 아니라 자기 방어였다고 나는 생각한다. 서양 선원들이 무례하고 부끄러움을 모르는 행동을 하여 순진한 야만인들을 분노케 하여 공격을 받은 것은 당연하다. 그러나 '엘리엇, 브레이너드, 그리고 모라비안(Moravian) 선교사들'은 야만인들로부터 아무런 공격도 받지 않았다. 아니 오히려 야만인들은 기꺼이 하나님의 말씀을 경청하려는 의지를 보이기까지 했다. '이름뿐인 그리스도인들'(nominal Christians)이 저지른 악행 때문에 기독교를 싫어한 것이었다.

넷째, 생필품 취득의 어려움에 대해 살펴보자.

이 문제는 얼핏 보아도 다른 문제에 비해 그렇게 큰 어려움으로 보이지 않는다. 왜냐하면 선교사들이 현지에서 유럽산 식품을 구할 수는 없다 하더라도, 현지인들의 식재료를 구할 수 있기 때문이다. 또한 이러한 어려움은 사역을 실제로 시작하게 되면 곧 해결할 수 있는 문제이다.

선교사는 특별한 의미에서 '자신의 것이 아니라'[170] 하나님의 '종'이며, 따라서 하나님께 전적으로 헌신해야 한다. 성직(聖職)에 들어서는 순간 그는 주님의 일만을 감당하기로 엄숙한 약속을 하게 된다. 더 이상

---

170) 고전 6:19

자신을 위한 쾌락이나 직업을 택하지 않을 뿐 아니라, 자신의 목적이나 이익 혹은 부업을 위해서도 일하지 않기로 결단한다. 그는 하나님이 원하시는 곳으로 가며, 자신이 가진 모든 능력을 발휘하여 하나님이 명령하시고 불러 시키시는 일을 인내하며 감당하겠다는 서약을 해야 한다.

선교사는 친구들뿐 아니라 세상의 쾌락과 안락함과 작별을 고하고, 자신의 주인 되시는 주님의 사업을 감당하기 위해 어떤 험난한 고난도 기꺼이 견뎌낼 마음가짐을 가져야 한다. 수많은 사람들, 마음이 따뜻한 친구들, 개화된 나라, 법적인 보호, 풍요로움, 화려한 명성, 혹은 상당한 수입을 기대하며 이런 데서 자기만족을 찾으려는 태도는 선교사의 생활과 맞지 않다. 선교사는 이러한 것 보다는 탈출, 현지인 혐오, 심지어 가짜 친구들, 침울한 감옥과 고문, 거친 말을 내뱉는 야만인 사회, 황무지의 열악한 주거환경, 배고픔, 검소한 삶, 헐벗음, 피곤함, 고통, 힘든 일 등을 겪으면서도 이 세상에서는 아무런 격려를 받지 못할 것을 각오해야 한다. 그러므로 초대교회 사도들은 그리스도의 선한 군사로 온갖 고난을 받았던 것이다.[171]

우리는 기독교가 법으로 보호받는 문명화된 나라에 살고 있기 때문에 선교사로 나가지 않고 국내에 있는 한, 앞서 언급한 고난을 받지 않을 것이다. 그러나 다른 나라에서는 수많은 영혼이 구원의 은총을 알지 못한 채로 죽어 가는데, 그리스도인 모두가 국내에 줄곧 머물고 있는 것이 정당화될 수 있는지 문제를 제기하는 바이다. 나는 복음 사역자들이 불순한 동기(motive)나 지나치게 세속적인 기대를 갖고 선교 사업에 나선다면, 이는 복음의 정신에 완전히 위배된다고 확신한다. 이와 반대로 선교 명령은 초대 교회 교인들이 그랬던 것처럼, 선교사들이 온

---

171) 딤후 2:3

갖 위험을 무릅쓰고 세계 도처에 나아가 만민에게 복음을 전파할 것을 강력하게 요청하고 있다.

선교사를 파송할 경우에 최소한 두 사람을 함께 보내야 한다고 본다.[172] 또한 일반적으로 결혼한 사람들을 파송하는 것이 가장 좋은 방안이라고 생각한다. 부인과 자녀를 포함한 둘 이상의 사람을 보내면, 다른 사람들이 가족의 필수품을 조달하는 데 전념할 수 있으며, 남자 선교사들은 생필품을 구하는 데 소요되는 많은 시간을 많이 줄일 수 있기 때문이다.[173]

대부분의 선교지역에서 자급(自給)의 한 방편으로 선교사들은 약간의 땅을 경작하는 것이 필요할지 모른다.[174] 식량이 부족하게 될 경우, 여기서 수확한 소출은 선교사 가족 스스로 살아남을 수 있는 자원이 될 것이다. 결혼한 선교사들을 같은 선교지로 보내게 되면 다른 선교사 가정으로부터 서로 얻게 되는 유익은 말할 것도 없고, 이러한 종류의 일[175]을 시도할 때 항상 소요되는 많은 비용도 줄일 수 있게 될 것이다.[176] 경작을 시작할 때 모든 사람들의 희생이 요구될 것이고, 농지가

---

172) 예수께서 12제자들을 보내실 때에 "둘씩 둘씩" 보내셨으며(막 6:7), 70인 전도자를 파송할 때에도 "둘씩" 보내셨다(눅 10:1). 즉 두 사람을 1개조로 편성하여 보내셨다.

173) 캐리가 인도에서 선교, 언어학, 인쇄업, 저널리즘, 사회 개혁 등의 분야에서 많은 업적은 이룰 수 있었던 것은 그가 가정의 모든 책임을 아내에게 맡겼기 때문에 가능했다[Vishal and Ruth Mangalwadi, *The Legacy of William Carey: A Model for the Transformation of a Culture* (Wheaton, Illinois: Crossway Books, 1996), 42].

174) 캐리는 선교 현지에서의 식량 부족 뿐 아니라, 본국의 선교비 지원이 부족하거나 중단될 경우를 대비하여 자립(self-supporting) 선교 공동체를 구상하고 있다.

175) 자급을 위한 방편으로서의 농작물 재배를 말한다.

176) 캐리는 인도에 오기 전부터 선교 초기 단계에서 선교 비용을 최소화하고 효율성을 높이기 위한 방편으로 선교 공동체를 생각하고 있었고, 실제로 인도 세람포어에서 워드(Ward)와 마쉬맨(Marshman)과 함께 23년간 팀 사역(공동 사역과 공동 재정)을 하였다.

크면 훨씬 오랜 기간 동안 도움을 필요로 하게 된다. 하지만 첫 수확이 끝난 이후에는 전체가 아닌 소수의 몇 사람만 일해도 자활할 수 있게 될 것이다.

선교사 가정은 그들 스스로 경작지를 정할 수 있는 이점을 가지고 있으며, 그들이 필요로 하는 것들을 거의 자급할 수 있게 될 것이다. 선교사 부인들뿐 아니라 아이들도 집안일을 돌보는데 필요하게 될 것이다. 한두 마리의 젖소, 황소 한 마리, 그 외에 암수 한 쌍씩의 다른 가축들, 몇 가지 농기구, 경작지에 파종할 곡물 등이 있으면 자급하기에 충분할 것이다. 또한 선교사와 함께 선교지에 가는 사람들은 경작법 (husbandry), 고기 잡는 법, 들새 사냥법 등을 알아야하며, 이러한 일에 필요한 기구를 준비해 가야 한다. 이외에도 실제로 선교지에서 여러 가지 자급 방법을 생각해 낼 수 있을 것이다. 지금 당장은 또 다른 묘안이 떠오르지 않지만, 일단 선교 사업에 착수하게 되면 많은 생각이 떠오를 것이다.

다섯째, 현지 언어 습득에 대해 살펴보자.

국가 간에 무역을 할 때에 상대방의 언어를 배워야 하듯이, 선교지에서도 현지어를 반드시 배워야 한다. 임시로 통역을 고용하여 쓸 수 있을 것이다. 그러나 통역을 구할 수 없는 곳이라면, 선교사는 인내심을 가지고 현지어로 자신의 생각을 그곳 사람들과 의사소통을 할 수 있을 때까지 그들과 함께 살면서 언어를 잘 배워야 한다. 언어를 배우는 데는 어떤 뛰어난 재능이 필요하지 않으며, 지구상의 어떤 종족의 언어라

이들은 '세람포어 삼총사'(Serampore Trio)라 불렸다.

도 1년 혹은 길어도 2년이면 배울 수 있다는 것은 널리 알려진 사실이다. 현지인들에게 우리 감정을 전달하고 이해시킬 수 있으려면 최소한 그만큼의 시간이 소요된다는 말이다.

선교사는 높은 경건과 신중함과 용기와 인내심을 지닐 뿐 아니라, 신앙적 성향에 있어 확실한 정통 신앙(orthodoxy)을 소유한 사람이어야 한다. 또한 이러한 선교 정신을 가지고 전심전력하여 사역을 감당해야 한다. 선교사는 자신이 누리던 삶이 제공해주는 모든 안락함을 기꺼이 버릴 준비가 되어 있어야 하며, 선교사역을 감당할 때에 엄청난 더위나 혹독한 추위와 불편한 생활 방식과 그 밖에 온갖 종류의 불편함을 겪어야만 한다.

선교사는 옷가지, 2-3개의 칼, 탄약, 낚시 도구 그리고 앞서 언급한 농기구를 준비해 가야 한다. 선교사는 선교지에 도착하여 현지 언어를 습득하는 일을 최우선 과제로 삼아야 한다(현지 언어를 배우는 데에도 한 사람보다는 두 사람이 낫다). 또한 선교사들은 모든 합법적 수단을 동원하여 그들을 친구로 사귀는 일에 모든 노력을 기울여야 하며, 자신들이 보냄을 받은 사명에 대해 최대한 빨리 현지인들에게 알려 주어야 한다. 선교사는 또한 자신이 고국의 친구들과 모든 안락한 생활을 내려놓고 온 이유는 오로지 현지인들의 행복을 위한 것임을 부단히 납득시켜야 한다.

선교사들은 자신들에게 가해질지도 모르는 상해(injury)에 대해 분개하지 않도록 세심한 주의가 요구된다. 또한 선교사들은 자신들을 우월하게 생각한 나머지 불쌍한[177] 이교도들을 경멸해서는 안 된다. 이러

---

177) 캐리가 사용한 "불쌍한"(poor)이라는 형용사는 19세기에 접어들면서 "이방인"(heathen)라는 단어 앞에 항상 붙어 다니는 수식어가 되었다. 불쌍한 이방인들의 명

한 태도를 가지게 되면 현지인들은 분노하고 나아가 복음을 거부하게 된다. 선교사들은 기회 있는 대로 현지인들을 위한 선한 사업에 힘써야 하며, 밤낮으로 순회하며 일해야 한다. 또한 그들을 교육과 훈계와 책망으로 돌아보지 않으면 안 된다. 하지만 선교사들은 현지인들을 오래 참음[178]으로 대하며 그들을 향한 간절한 소원을 가지고 있다. 무엇보다도 선교사들은 자신들이 책임 맡고 있는 교인들 가운데 성령의 기름 부으심이 나타나도록 기도에 항상 힘써야 한다. 위에 서술한 그러한 선교사들만 선발하여 선교사역을 감당하게 해보라. 그러면 이 모든 일들이 성취되는 것이 반드시 불가능한 일만은 아니라는 것을 알게 될 것이다.

하나님께서 선교사의 사역을 축복해주셔야 하는 것과 마찬가지로, 선교사들은 자신들이 책임지고 있는 현지인 개종자들 가운데 여러 은사가 나타나도록 격려하는 일 또한 매우 중요하다. 만약 현지인 사역자들이 세워진다면 이들은 현지 언어뿐만 아니라 관습도 잘 알고 있는 등 많은 이점을 갖게 될 것이며, 나아가 이들이 행동까지 변화된다면 이로 인해 이들의 사역은 큰 힘을 얻게 될 것이다.

백한 필요를 채워주는 일은 선교를 해야 하는 가장 강력한 논증 가운데 하나가 되었다 (Bosch, *Transforming Mission*, 290).

178) 죄인들이 돌아오기를 기다리시는 하나님의 인내를 뜻하는 표현으로 성경에는 "길이 참으심"(롬 2:4)과 "오래 참으심"(롬 9:22; 갈 5:22; 벧후 3:15) 등으로 나타나 있다.

제5부

**

그리스도인의 의무와
선교 활성화 방안 연구

An Enquiry into the Duty of Christians in General,
and What Means Ought to Be Used,
in Order to Promote this Work

제5부

그리스도인의 의무와 선교 활성화 방안

만약 하나님의 나라가 점점 확장되리라는 여러 예언이 사실이고, 사도들에게 주신 주님의 선교 명령이 우리가 반드시 순종해야 할 (obligatory) 명령이며 그간에 거둔 선교 결실이 정당한 것이라면, 모든 그리스도인들은 진심으로 하나님과 하나 되어 그의 영광스러운 선교 계획을 추진해 나가야 한다. 왜냐하면 "주와 합하는 자는 성령 안에서 하나"[179]이기 때문이다.

1. 뜨거운 합심 기도[180]

모든 그리스도인에게 부과된 의무 중에 가장 중요한 것은 "열렬한 연합 기도"(fervent and united prayer)이다. 아무리 사람들이 성령의 힘을 무시하고 과소평가하고 있더라도, 시도해 보면 우리가 사용하는 어떤 선교 방법도 성령의 능력을 덧입지 않고는 아무런 힘도 발휘하지 못한다

---

179) 고전 6:17
180) 독자의 이해를 돕기 위해 역자가 붙인 소제목

는 사실을 알게 될 것이다. 만일 이교도의 땅에 하나님을 예배하는 교회가 세워지게 된다면, 그것은 사람의 "힘으로 되지 아니하며 능력으로 되지 아니하고" 권력자의 권위로 되지 아니하며, "오직 만군의 여호와, 하나님의 영"(Spirit)으로만 가능한 일이다.[181] 그러므로 우리의 사역 위에 하나님의 은총이 임할 수 있도록 간절히 기도해야 한다.

구약 예언서에는 다음과 같이 기록되어 있다. "그 날에 예루살렘에 큰 애통이 있으리니 므깃도 골짜기 하다드림몬에 있던 애통과 같을 것이라. 온 땅 각 족속이 따로 애통하되 다윗의 족속이 따로 하고 그들의 아내들이 따로 하며, 은총과 간구하는 심령을 부어줄 것이다"(슥 12:10-14). 이 모든 사건들이 일어날 때에 "죄와 더러움을 씻는 샘이 다윗의 족속과 예루살렘 거민을 위하여 열리리라"(슥 13:1)고 약속되어 있다. 또한 그 때에 "우상들이 파괴될 것이며 거짓 선지자들이 그 거짓 예언으로 인하여 부끄러움을 당할 것이다"(슥 13:2-3)는 약속의 말씀이다.

이 예언의 말씀은 온 세계가 뜨거운 기도를 통해 연합되고, 모든 사람들이 시온의 복을 자신들의 복으로 생각하게 될 때, 성령의 충만한 능력이 모든 교회에 임하게 될 것이라고 말한다. 이러한 성령의 능력은 정결하게 하는 샘처럼 주의 일꾼들의 죄악을 깨끗하게 씻어줄 것이다. 이러한 정결케 하는 능력이 여기(영국)에만 머물러서는 안 된다. 모든 오래된 우상 숭배적 잔재가 뿌리 뽑힐 때에 진리의 말씀이 영광 가운데 승리하게 될 것이다. 그 결과 거짓 교사들은 발각되어 모욕을 당하기보다는 차라리 미천한 목동이나 비천한 농민으로 취급받는 수치를 더 원할지도 모른다.

이제껏 일어났던 것 가운데 가장 영광스러운 은혜의 사역은 기도의

---

181) 슥 4:6

응답으로 이루어졌다. 이처럼 우리는 마지막 때에 성령을 풍성하게 부어주시겠다는 약속이 성취될 것이라고 믿을만한 충분한 이유를 가지고 있다.

2. 초교파 기도합주회: 매월 기도회[182)

우리들이 체험한 바를 말하자면, 지난 몇 년간 하나님께서 우리에게 기도 응답으로 주신 몇 가지 징조로 인하여 영원한 은혜를 입었다. 이를 통해 우리는 기도의 중요한 의무를 더욱 지속적으로 그리고 힘써 감당해야 할 용기를 얻었다. 복음의 성공적인 확산을 위해 그동안 우리가 정기적으로 가져오던 '월례 기도회'(monthly prayer-meeting)[183)가 헛되지 않았음을 나는 확신한다.

우리는 끈질기게 간절한 마음으로 기도하지 못할 때가 많다. 그러나 아무리 우리 기도가 아무리 절박하지 않고 미약하다 하더라도, 하나님은 우리 기도를 들으시고 어떤 방식으로든 응답해 주신다고 믿는다. 기도회가 시작된 이후 기도모임에 참여한 교회 숫자가 증가한 것은 분명

---

182) 독자의 이해를 돕기 위해 역자가 붙인 소제목

183) 1748년 조나단 에드워즈가 발간한 기도에 관한 소책자를 읽은 후, 마음에 감동과 자극을 받은 윌리엄 캐리의 절친한 친구인 영국 침례교 목사 존 섯클리프는 1784년에 교회 부흥과 그리스도 왕국 확장을 위한 특별 기도회를 제안했다. 기도모임은 매월 첫째 주 월요일 저녁에 1시간씩 개최되었는데, 영국 중부 지방의 침례교회를 포함한 많은 비국교도들이 참여했으며 캐리도 이 기도회에 참석하고 영향을 받았을 것으로 추정된다. 이후 이 "기도 합주회"는 영국뿐 아니라 전 세계에 보급되어 세계 복음화를 위한 중보 기도의 중요성을 널리 인식시키는 데 공헌했다.

한 사실이다.[184]

오랫동안 교회를 혼란스럽게 하고 분열시켰던 논쟁은 이제 분명하게 정리된 상태이다.[185] 그간에 복음이 전해지지 않았던 여러 지역에서 복음을 전해달라는 요청을 받고 있다. 영광스러운 세계 선교의 문이 지금 열려 있으며, 점점 더 확대되어가고 있다. 시민권의 신장과 신앙의 자유가 전 세계에 널리 확산되고, 이와 함께 로마 가톨릭교회는 점점 선교적 활력을 상실해가고 있다.[186]

또한 비(非)인간적인 노예무역(Slave Trade)[187]을 종식시키기 위한 숭고한 노력이 계속적으로 진행되고 있다.[188] 비록 아직까지 기대한 것만큼의 성과를 거두고 있지는 못하지만, 이에 굴하지 않고 노력하면 노예무역이 폐지될 날이 올 것이라고 생각한다.[189] 한편 최근에 노예무역을 폐

---

184) 1784년 영적 부흥과 성령의 부으심을 대망하면서 시작된 기도 합주회는 캐리의 『이교도 선교방법론』이 출간된 1792년까지 지속되었으며, 캐리는 세계선교를 위한 연합 중보기도의 중요성을 확신하고 있다.

185) 1700년대에 접어들면서 윌리엄 캐리 시대에 이르기까지 영국 침례교 목회자 가운데 "극단적 칼빈주의"(hyper-Calvinism)의 영향을 받은 자들이 많았다. 이들은 하나님의 주권을 지나치게 강조한 나머지, 하나님이 구원받을 사람들을 주권적으로 선택하시기에 나가서 선교할 필요가 없으며, 따라서 교회는 이방 세계에 복음을 전할 의무가 없다고 생각했다.

186) 1759년 예수회 선교사들이 브라질에서 추방되고, 1773년 예수회가 폐지되었다.

187) 15세기부터 19세기까지 노예 상인들은 아프리카(대부분 사하라 사막의 남부와 서부)인을 붙잡아 아메리카 등지에 팔았다. 400년 동안 1,000만-1,200만 명의 아프리카인들이 '신대륙'으로 이송되었다. 그 과정에서 100만-200만 명이 대서양을 건너다 목숨을 잃었고, 120만 명 이상이 아프리카 내지에서 200-400마일 떨어진 해안으로 이송되는 도중에 죽임을 당했다. 영국도 1672년 왕립 아프리카 회사를 설립한 후 노예무역을 독점해 많은 이득을 취한 적이 있었다.

188) 1786년 노예무역 폐지 협회가 설립되었다.

189) 캐리의 예견대로, 윌버포스(Wilberforce)를 비롯한 영국 국교회 내 복음주의자들의 오랜 노력 끝에 1807년 영국에서 노예무역이 폐지되고, 1833년 대영제국 내 모든 식민지

지하려는 노력이 실패했지만, 아프리카 해안의 '시에라리온'(Sierra Leone)
에 자유 정착촌[190]을 건설하는 칭송할 만한 노력이 결실을 맺었다.

하나님의 축복으로 이러한 노력이 성공을 거둔다면, 이 광활한 나라
와 공정한 무역(commerce)을 할 수 있는 길을 열어줄 뿐만 아니라, 현지
정착 흑인들의 문명(civilization)을 고양시킬 수 있는 길도 열어 주게 될
것이다. 그러나 그들에게 우리 구주 예수 그리스도의 복음을 소개하는
것이 가장 복된 방안이 될 것이다.[191] 이러한 변화는 간과되어서는 안
될 사건들이며, 사소한 일로 간주해서도 안 된다. 그러나 이 흑인들이
그리스도를 위해 사는 것을 자신들의 삶의 목적으로 삼게 하기 위해,
모든 사람이 진심으로 원래 정착안(案)의 근본 취지를 이해하고, 자신
의 이익이 이 정착 사업의 성공에 달려있는 것처럼 이 사업을 염려해준
다면, 위의 결과는 앞으로 일어날 일에 비해 하찮은 일에 지나지 않을
것이다.

만약 이 거룩한 열망이 주님의 왕국을 대표하는 모든 그리스도인
모임 속에 널리 펴져 나가게 된다면, 우리에게 복음전도의 "문이 열리

의 노예제도 폐지가 공포되었다. 다음 해에 임종한 캐리는 자신의 생전에 노예제가 폐지
되어 기뻐했다. 서부 아프리카 해안의 노예제는 종식되었으나, 동부 아프리카 등지에서는
1870년대까지도 노예무역이 행해졌다.

190) 1787년 영국이 서아프리카 연안의 시에라리온에 건설한 프리타운(Freetown, 현재 시
에라리온의 수도)을 말한다. 이 정착촌은 영국 내에서 자유를 얻은 흑인 노예들의 빈곤
문제를 해소하기 위해 영국의 복음주의자들과 박애주의자들의 노력으로 건설되었으며,
영국(1787)과 캐나다 노바 스코샤(1792)와 대서양 연안의 여러 노예무역선에서 해방된
노예들을 이주시켜 살게 했다.

191) 캐리는 3Cs(Christianity, Commerce and Civilization), 즉 기독교 선교가 현지의 무역
과 문명의 발전을 도모할 수 있다고 믿었다.

고"[192] "많은 사람이 빨리 왕래하며 지식이 더해지는"[193] 일을 보게 될 것이다. 또한 하나님이 섭리 가운데 우리가 사용할 수 있게 준비해주신 이러한 선교의 수단을 부지런히 잘 활용하게 되면, 일상적인 복보다 더 큰 하늘의 복이 주어질 것이다.

많은 사람들이 어떤 특별한 일은 하지 못한다 하더라도 기도는 할 수 있다. 기도는 모든 교파의 그리스도인들을 진심으로 그리고 조금도 거리낌 없이 하나로 묶어 주는 유일한 수단이다. 기도 가운데 우리 모두는 하나 될 수 있으며, 기도하는 중에 완전한 일치가 드러나게 된다. 그리스도의 몸 전체가 온전하게 하나의 정신으로 활력을 얻고 있는가? 그리스도인들이 어떠한 즐거움을 위해 신앙적 책임을 감당하고 있는가? 목회자들은 어떤 기쁨을 가지고 자신들의 소명에 따른 직책을 수행하고 있는가?

3. 해외 선교회 조직[194]

그러나 기도한 바를 얻기 위해 '여러 방법을 찾으려는 노력은 다하지 않은 채,' 기도했으니 이제 됐다고 만족해서는 안 된다. 만약 이 시대의 '빛의 아들들'이 '세상의 아들들'[195]만큼 지혜롭다면, 빛의 아들들은 영광스러운 상급을 얻기 위해 온갖 노력을 다 기울일 것이며, 그러한 노

---

192) 고후 2:12

193) 단 12:4

194) 독자의 이해를 돕기 위해 역자가 붙인 소제목

195) 눅 16:8

력 없이 다른 방법으로 그 상을 얻을 수 있다고 결코 생각하지 않을 것이다.

예를 들어, 무역회사가 설립 인가를 받고 나면, 회사는 모든 가용 자원을 총동원하게 된다. 즉, 회사는 비축물품, 선박, 항해사, 선원들을 선발하고 조정하여 통제하며 설립 목적을 가장 잘 달성하기 위해 노력한다. 그러나 회사의 노력은 여기에서 그치지 않는다. 회사는 성공에 대한 기대감에 고무되어 온갖 노력을 경주하며, 구호사업을 펼치며, 조금이라도 도움이 되는 정보를 가진 사람이 있으면 그 사람과 친밀한 관계를 형성해 나간다.

무역회사는 광활하고 거친 바다를 가로질러 항해해야 하며 가장 가혹한 기후에도 맞닥뜨려야 한다. 가장 야만적인 나라에도 들어가야 하며 때때로 가슴 아픈 어려움도 겪어야 한다. 불안과 공포로 잠 못 이루는 날을 무수히 보내기도 하며, 소속 선박들이 예정된 귀항 일을 넘겨 돌아오지 않으면 별의별 생각과 불길한 걱정으로 마음이 초조해지기도 한다. 이런 마음은 무역선이 많은 수익을 남기고 항구에 안전하게 돌아올 때까지 계속된다. 그러나 왜 이러한 두려움들이 생기는가? 어디로부터 이 모든 마음의 불안과 수고가 생겨나는가? 그들이 사업 정신으로 일하거나, 어떤 의미로는 그들의 행복이 사업의 성공에만 달려 있어서 그런 것은 아닌가?

그리스도인들은 자신들의 진정한 관심을 메시야 왕국의 확장에 두고 있는 공동체이다. 교회의 설립 목적은 매우 광범위하며, 매우 숭고한 목적에 의해 운영되며, 이들에게는 많은 이윤을 남기는 단체의 이익보다 훨씬 더 많은 수익이 약속되어 있다. 그러므로 모든 그리스도인은 자신의 위치에서 전심전력하여 섬기며 모든 가능한 방법을 활용하여 하나님을 위해 살아야 할 의무가 있다.

만일 신실한 그리스도인, 목회자 그리고 몇몇 개인이 모여 선교회(society)를 만들고 선교계획안, 선교사 선발 규정, 선교비 모금 방법 등에 관한 여러 규칙을 만든다고 가정해 보자. 이 선교단체는 선교 사업에 열정을 지닌 사람들과 신실한 신앙을 가진 사람, 인내력을 지닌 사람만을 선교사로 인선해야 한다. 선교회는 이러한 기준에 맞지 않는 사람은 선교사로 뽑지 않을 것이며, 그러한 자질을 갖춘 이들만을 선교사로 허입하겠다고 결의해야 한다.

4. 선교위원회 & 교파별 선교회 조직[196]

선교회가 조직됨에 따라, 선교부 산하에 '위원회'(committee)를 임명해야 한다. 이 위원회가 할 일은 선교에 관한 모든 정보를 수집하고, 선교비를 모금하고, 선교사들의 성격과 기질과 능력과 신앙관을 면밀히 조사하는 것이다. 또한 위원회는 선교 사업을 수행하는데 필요한 물품을 선교사들에게 제공해 주어야 한다.

위원회는 선교 사업을 감당하는 선교사들의 동기와 목적을 세심하게 살펴보지 않으면 안 된다. 이러한 일을 소홀히 함으로써 네덜란드 동인도회사(Dutch East-India Company)가 향료 제도(Spice Islands)[197]에서 시작한 선교 사업은 얼마 되지 않아서 모두 붕괴되고 말았다. 왜냐하면 많은 선교사들이 불쌍한 현지인들에게 가서 복음을 전하기보다는

---

196) 독자의 이해를 돕기 위해 역자가 붙인 소제목
197) 인도네시아 말루쿠 제도

세속적인 이익에 마음이 끌려 돈벌이가 되는 곳에 정착했기 때문이다.[198] 그러자 얼마 안 있어 게으르고 방탕한 수많은 선교사들이 이곳으로 몰려들었으며 이들의 부도덕한 삶의 모습은 자신들이 전파하는 복음의 가르침을 불명예스럽게 하는 걸림돌(scandal)이 될 뿐이었고, 결국 이들 때문에 1694년 인도네시아 떼르나떼(Ternate)에서 복음이 거부당했으며, 다른 곳에서도 기독교의 평판은 극도로 나빠졌다.

나는 내 동족과 동료 그리스도인들에게 조금이라도 영향을 끼칠 수 있다는 희망을 버리지 않고 있다. 그 이유는 내가 속해있는 교파 사람들에게 만큼은 누구보다 더 큰 영향력을 미칠 수 있기 때문일 것이다. 그러므로 나는 '침례교단' 안에 이러한 선교회와 위원회를 조직할 것을 제안한다.[199] 내가 뜻하는 바는 한 교파에 제한하여 이러한 선교회를 조직하자는 것이 아니다. 나는 우리 구주 예수 그리스도를 진실로 사랑하는 사람은 누구나 어떤 방식으로든 이 선교회에 참여하기를 진심으로 바란다.

그러나 여러 교파로 나누어져 있는 현재의 기독교계(Christendom) 상황에서는 여러 교파가 연합하여 선교 사업을 추진하기보다는 각 교파별로 사업을 추진하는 것이 더 효과적일 것이라고 생각한다. 남의 터

---

198) 1602년 설립된 네덜란드 동인도회사는 초기부터 이윤 추구에만 관심이 많았고 선교활동에는 관심이 없었다. 네덜란드에서 파견된 직원과 포르투갈에 의해 로마 가톨릭으로 개종한 현지 그리스도인들을 돌보기 위해 사목(missionary-chaplain)을 파견했을 뿐이다. 그러나 1619년 네덜란드 개혁교회 총회가 해외식민지에서 선교활동을 강화하기로 결의한 후 1620년부터 1640년까지 현지인 개종을 위한 선교활동이 활발하게 이루어졌지만 이후 다시 약화되었다.

199) 1792년 10월 2일 앤드루 풀러(Andrew Fuller, 1754-1815)를 해외선교부 총무로 하는 침례교 선교회(The Particular Baptist Society for Propagating the Gospel among the Heathen, 이후 Baptist Missionary Society로 개명)가 조직되었다.

(선교지역)에 들어가 방해할 필요 없이, 우리 모두가 일할 수 있는 선교지역은 충분하다. 그러므로 비우호적으로 다른 선교부 지역을 침범하는 일(unfriendly interference)만 발생하지 않는다면, 한 교파 선교부가 다른 교파 선교부에 호의를 베풀 수 있고, 다른 교파의 선교사역이 성공하도록 기원하며 기도해 줄 수 있게 될 것이다. 왜냐하면 교파 선교부 사이에 갈등이 일어나지 않으면, 한 교파 선교부는 타 교파 선교부를 위대하고 참된 신앙의 전파를 위해 함께 노력하는 동역자로 간주할 수 있기 때문이다. 그러나 만일 한 지역에 여러 교파 선교회가 뒤섞여 경쟁적으로 사역하게 되면, 선교사 간에 사사로운 갈등을 야기시켜 선교사들의 사기를 떨어뜨리고 선교사 전체의 효율성도 매우 약화시킬 것이다.[200]

5. 선교비 모금[201]

선교 비용을 충당하기 위한 '선교 헌금'에 관해 언급하자면, 돈이 분명히 필요하다. 무엇보다 부유한 교인들이 소유한 재물의 일부를 이 중요한 선교 사업을 위해 헌금해야 한다고 생각한다. 하나님께서 저들에게 재물을 청지기로 맡겨주셨기 때문이다. 어쩌면 이보다 더 나은 모금 방법이 없을지 모른다. 그러나 선교비 모금이 '돈 많은 교인들'이 내는

---

200) 캐리는 한 지역에 두 선교부가 동시에 들어감으로써 사역의 중복, 시간과 선교자원의 낭비, 갈등과 마찰 등이 나타나 선교의 효과가 감소할 수 있음을 예견하고 있다. 이 문제는 1820년대 이후 1930년대까지 전 세계 모든 선교지에서 서구 선교부에 의해 시행된 선교지역 분할정책(comity agreements)에 의해 상당부분 해결되었다.

201) 독자의 이해를 돕기 위해 역자가 붙인 소제목

헌금으로 제한되어서는 안 된다.

만일 중류층에 속하는 교인들이 수입의 일부, 예컨대 매년 소출의 '십분의 일'을 하나님께 바친다면, 이는 모세 율법시대에 살았던 이스라엘 백성들의 관습(소출 1/10)과 일치할 뿐만 아니라, 율법 시대가 시작되기 전인 아브라함과 이삭과 야곱의 족장시대의 관례와도 일치하는 것이다. 우리가 잘 알고 있는 저명한 '청교도' 조상 중에서도 많은 이들이 십일조를 드렸다. 지금이라도 교인들이 수입의 십일조를 드린다면, 국내(영국)에서의 전도 비용과 가까운 이웃의 '마을 전도'(village preaching) 비용뿐 아니라, 이방세계의 복음 전파를 위한 해외선교 비용도 충분히 감당할 수 있을 것이다.

만일 그리스도인 모두가 자기의 경제 형편에 따라 매주 '1페니' 혹은 그 이상의 헌금을 내고, 이 헌금을 해외 선교기금으로 적립한다면, 이 방법으로도 많은 선교비를 모을 수 있을 것이다. 이런 간단한 방법만 사용해도 교인들은 영국 내 대부분의 마을에 머지않아 복음을 전할 수 있는 능력을 갖게 될 것이다. 비록 흑암에 살고 있는 사람들에게 복음의 빛을 비춰주는 목회자들이 영국 내에 배치되어 있지만, 아직도 그 빛을 받아들이지 않는 사람들이 있다는 것은 널리 알려져 있기 때문이다. 복음을 받기위해 자신의 집을 개방하는 사람[202]이 나오지 않는 지역에서는, 적은 액수의 돈을 지불하여 건물 하나를 구입할 수 있을 것이다. 이 경우에 꽤 상당한 금액을 들여서 세례 집례자와 이방선교를 위한 선교회 소속의 여러 위원회가 사용할 수 있는 별도의 건물을 구입할 수도 있을 것이다.

노예들의 강제노역에 의해 비인간적으로 생산되는 '서인도 제도산 설

---

202) 바울은 2차 선교 여행 중 빌립보에서 루디아의 집을 사용했다(행 16:12-15, 40).

탕'[203]을 먹지 않겠다고 공언한 사람이 최근에 많이 생겨났다.[204] 이들 가족이 아직까지 설탕 대용품을 찾지 못하였지만, 피 묻은 사악한 손과의 관계를 단절했을 뿐 아니라 매주 6펜스 내지는 1실링의 돈을 절약하게 되어, 가계(家計)에 도움을 주었다. 만약 이렇게 절약된 돈 전부나 일부가 앞서 언급한 선교 헌금으로 바쳐진다면 선교비를 넉넉히 감당하고도 남을 것이다. 우리가 분명한 목표를 세우고 그 목표를 달성하기 위해 전심으로 사역을 감당하면, 별 어려움 없이 그 목표를 달성하기 위한 방법을 찾아볼 수 있을 것이다.

예수님은 "오직 너희를 위하여 보물을 하늘에 쌓아 두라. 거기는 좀이나 동록이 해하지 못하며 도둑이 구멍을 뚫지도 못하고 도둑질도 못하느니라"(마 6:20)고 권면하셨다. 또한 "사람이 무엇으로 심든지 그대로 거두리라"(갈 6:7)는 말씀이 있다. 이러한 성경 말씀은, 우리에게 내세에서 누릴 기쁨은 현세와 밀접한 관계가 있고, 그 관계는 추수와 씨앗 사이의 관계와 유사하다고 가르친다.

성도가 받을 상급은 전적으로 하나님의 은혜에 달려있지만, 그럼에도 불구하고 바울, 엘리엇, 브레이너드와 같이 주의 사업을 위해 자신의 모든 것을 온전히 드렸던 이들이 쌓아둔 '보물'과 이들에게 주어질 '보상'을 생각하면 지금 우리를 분발하게 만든다. 이들의 선교 활동을 통해 하나님을 알게 된 수많은 가련한 이교도들과 특히 고대 영국 원주민들을 만나 볼 수 있는 천국은 어떻게 생겼을까? 참으로 이 같은

---

203) 1764년 영국 브리스톨(Bristol)의 한 상인은 "밀짚 없이 벽돌을 만들 수 없듯이 노예 없이는 설탕을 만들 수 없다"고 말했다. 흑인 노예들은 사탕수수 농장의 주요 일손으로 충당되었고, 설탕 생산에 투입되어 유럽에 달콤한 맛을 공급해 주었다.
204) 캐리는 노예들의 노역을 통해 얻어지는 설탕 수입에 반대했다.

'자랑스런 면류관'[205]은 사모할만한 가치가 있다. 진실로 그리스도의 왕국과 그 대의를 확장시켜나가는 일에 전심전력하여 우리 자신을 온전히 드리는 일은 그럴만한 가치가 있는 일이라고 믿는다.

---

205) 살전 2:19

[부록]

『세람포어 선교회의 선교 협약문』
(1800, 1805)

선교 협약(Form of Agreement) 초안은 1800년 1월 18일 윌리엄 캐리 (William Carey, 1761-1834), 윌리엄 워드(William Ward, 1769-1823), 조슈아 마쉬맨(Joshua Marshman, 1768-1837)의 '세람포어 삼총사'(Serampore Trio) 선교사 가족의 운영 규칙으로 처음 만들어졌다. 이후 1805년 영적인 문제를 더 강화하는 조항이 추가되면서 선교 합의문으로 확정되었고, 1817년과 1820년에 확대·개정된 선교 협약이 공포되었다.

1. 『선교 협약 초안』(1800년 1월 18일)

이번 주에 우리들은 세람포어 공동체를 이끌어 갈 일련의 협약을 채택하였다. 설교와 기도는 모든 사람이 번갈아 가면서 인도한다. 한 사람이 한 달씩 공동체 전체의 경영을 관리하고 다음 달에는 다른 사람이 그 직책을 맡도록 한다. 캐리 형제는 회계를 맡으면서 약 상자를 관리한다. 파운틴(Fountain) 형제는 도서관 사서를 맡는다. 매주 토요일 밤에는 함께 모여 서로 간의 갈등을 조정하고 사랑으로 서로를 섬기겠다는 서약의 시간을 갖는다. 한 가지 결의 사항은 우리 중 누구도 개인적으로 장사를 해서는 안 되며, 모두가 선교사업에 도움이 되는 일을 해야 한다는 것이다.

2. 『확대된 선교 협약』(1800년 8월 1일)

우리가 매일 따라야 할 일과표가 이제 확정되었다. 아침 6시경 기상하여 캐리 형제는 정원으로 나가고, 마쉬맨 형제는 7시에 학교로 간다. 브룬스던(Brunsdon) 형제와 펠릭스(Felix Carey)와 나(선교 규칙을 정리한 워드)는 인쇄소로 나간다. 아침 8시에 전체 가족예배 시간을 알리는 종소리가 울리면, 우리는 예배실에 모여 찬송을 부르고 성경을 읽으며 기도한다. 뒤이어 아침 식사 시간이다. 식사가 끝나면 캐리 형제는 성경 번역을 시작하거나 번역된 원고 교정 작업을 한다. 마쉬맨은 다시 학교로 가고 나머지 사람들은 인쇄소로 가서 일한다. 식자공이 떠나고 없기 때문에 지금 우리가 그 일을 하고 있다. 우리는 매주 세 종류의 반절지(半切紙) 각 2,000장씩을 찍어 내고 있는데 5명의 인쇄공과 1명의 접는 사람과 1명의 제본사가 우리 인쇄소에서 일하고 있다.

낮 12시에 점심 식사를 한 이후로 사람들은 오후 3시에 있는 저녁 식사 때까지 면도를 하거나 목욕을 하거나 책을 읽거나 낮잠을 자기도 한다. 저녁 식사 후에는 성경 구절이나 어떤 문제에 대한 각자의 생각을 나누는데, 이는 우리에게 매우 유익한 시간이 되고 있다. 마쉬맨 형제 부부는 오후 2시까지 학교를 운영한다. 인쇄소 작업이 끝나면 오후에 나는 벵갈어로 된 책을 읽거나 브라만 계층에 속한 사람과 뱅갈어로 대화를 나눈다. 저녁 7시경에 우리는 차를 마시는데 차와 함께 간단한 야식을 먹기도 한다.

우리는 매주 한두 번씩 벵갈어로 전도를 실시하며, 매주 목요일 저녁에는 전도 경험과 간증을 나누는 모임을 갖는다. 매주 토요일 저녁에는 함께 차를 마시고 기도 모임을 가진 후에, 서로 간에 갈등을 해소하고 여러 업무를 처리한다. 펠릭스는 인쇄소에서 매우 도움이 된다. 윌리엄(William)은 학교에 가서 낮 시간 일부를 할애하여 제본하는 법을 배우고 있다. 매월 첫째 월요일에 우리는 아침 식사를 하기 전에 벵갈(Bengal)의 이방인 구원을 위해 2시간 동안 기도 모임을 갖는다. 그날 밤에 우리는 다시 모여 전 세계의 복음 전파를 위한 연합 기도회를 갖는다.

3. 『세람포어 선교회의 선교 협약문』(1805년 10월 7일)

선교 합의문은 이방인에 대한 선교사역의 감당을 자신들의 의무로 생각하는 세람포어 선교단의 형제들이 준수해야 할 실행 원리(principles)에 관한 협약으로서 1805년 10월 7일(월요일)에 합의되어 만들어졌다.

서론

인도라는 이방 나라에 우리를 선교사로 보내신 주님은 우리가 독특한 자질을 함양하도록 요구하고 계신다. 바울이 심고 아볼로가 물을 주었으되 하나님이 자라나게 하지 않으시면 세계 어느 곳에서건 이 모든 일들이 헛될 수밖에 없음을 우리는 잘 알고 있다. 우리는 영생을 얻기로 작정된 자들만 믿을 것이며, 또한 하나님만이 구원받는 사람들을 더할 수 있음을 확신한다. 그럼에도 불구하고 우리는 하나님의 자유

은총과 주권적인 은총이라는 영광스러운 교리를 주창하였던 바울 사도가 화해의 복음을 전하며 사람들을 하나님께로 이끄는 전도 사업에 바쳤던 열정에 감탄할 수밖에 없다. 이러한 점에서 바울은 우리가 본받아야 할 고귀한 본이 되고 있다.

우리 주님은 어부였던 제자들을 부르시면서 내가 너를 사람 낚는 어부로 만들겠다고 약속하셨고, 또한 상황이 좋을 때나 나쁠 때나 낙담될 때라도 사람들을 영생의 해안으로 인도하는 목표를 가져야 한다고 말씀하셨다. 솔로몬은 "지혜로운 자는 사람을 얻느니라"(잠 11:30)고 했는데 이 말은 의심할 여지없이 사람들을 하나님 편으로 인도하려면 여러 가지 전도 방법(methods)을 활용해야 한다는 뜻이며, 성공적인 전도를 하려면 매우 놀라운 지혜가 필요하다는 뜻을 내포하고 있다. 이러한 점에 유념하면서 우리는 우리의 진지하고 지속적인 관심을 모아서 다음과 같은 선교 합의문을 작성하였다.

첫째, 위대하고 중대한 선교사업을 감당하기 위하여 우리는 불멸의 영혼에 대한 무한한 가치를 인정할 뿐만 아니라, 거듭나지 못한 영혼이 죽어서 겪게 될 참혹한 멸망의 상태를 생각하며 우리 마음에 부담감을 가져야 한다.

이제 우리는 영원한 형벌이라는 무서운 교리를 우리 마음속에 늘 기억해야 하며, 끊임없이 사악한 자의 세력에 사로잡혀 있는 이 광대한 나라가 상상도 못 할 정도로 무서운 상태에 있다는 사실을 깨달아야 한다. 만일 우리가 불신 영혼들이 겪게 될 무서운 일을 감지하지 못한다면, 우리가 어떠한 선교사업을 한다 하더라도 선교사로서 올바른 소명감을 가졌다고 할 수 없다. 이런 사람은 선교사의 일을 감당하기보다는 차라리 다른 일을 하는 편이 나을 것이다. 참으로 우리는 이곳의 가련한 우상 숭배자들(idolaters) 생각에 가슴이 아프며 이들의 상황은 계속하여 우리의 마음에 부담감을 주고 있다. 이제 우리는 저 유명한 선교사 바울을 본받아야 하는데, 그는 자신에게 맡겨진 사람들의 영적 성장을 도우면서 자신이 겪는 영혼의 고통을 해산하는 수고에 비유하였다.

우리가 이방인의 비참한 상태를 안타까워하지만, 이로 인해 마치 이들을 살려 내는 일이 불가능한 것으로 여겨 낙심해서는 안 된다. 술에 찌들어 살던 야만족 브리튼 사람들을 건져 내어 예수 그리스도가 계신 천국에 들어갈 수 있게 하신 하나님께서 미신에 사로잡혀 있는 이들을 살려내고 믿음으로 이들의 마음을 정결하게 하신 후, 한 분 하나님께 영과 진리로 예배하는 자들로 변화시킬 수 있다고 믿는다. 약속의 말씀들은 우리의 의심을 제거할 뿐 아니라 오래지 않아 하나님께서 인도의 잡신들(gods)을 고사시키고, 이 우상숭배자들이 그 우상들을 두더지와 박쥐에게 던져 버리고 그들의 손으로 만든 우상들을 영원히 버리는 일을 능히 가능케 하시리라고 우리는 믿는다.

둘째, 이방인들이 사로잡혀 있는 올무와 그들을 미혹케 하는 것에 대해 가능한 한 모든 정보를 수집하는 일이 매우 중요하다.

이렇게 얻은 정보를 가지고 우리는 그들과 지적인 방법으로 대화할 수 있게 된다. 만일 우리 선교사들이 이방인들과 대화 중에 그들의 관심을 끌고 우리가 교양 없는 사람들이라는 인상을 주지 않으려면 이들의 사고방식, 습관, 성질, 반감, 하나님을 추론하는 방식, 죄와 거룩의 개념, 구원의 방법, 장래의 상황, 우상숭배에 미혹되어 있는 상태의 연구, 축제일, 노래 등을 이해하는 것이 매우 중요하다. 이러한 지식은 양식 있는 몇몇 현지인들과 대화하거나 현지인이 쓴 책을 읽거나 이들의 생활 태도와 방식을 주의 깊게 살펴보면 쉽게 얻어 낼 수 있다.

셋째, 우리가 힌두교도를 만날 때 복음 전파에 방해가 되는 편견과 행동을 가능한 한 자제할 필요가 있다.

힌두교도에게 강한 혐오감을 주는 영국식 예절을 될 수 있는 대로 하지 말아야 한다. 또한 이들이 보는 데서는 어떤 식이든지 동물 학대를 해서는 안 된다. 힌두교도들이 많은 신들을 섬기는 것이 죄악임을 설명하며 신랄하게 이들의 편견을 공개적으로 비판하는 것도 현명한 태도는 아니다. 어떤 상황에서도 이들이 섬기는 여러 신들의 형상(images)을 파괴해서는 안 되며 그들의 예배를 방해해서도 안 된다. 힌두교도를 진정 복음으로 정복하려면 사랑으로 정복하여야 하기 때문이다.

주님은 "내가 땅에서 들리면 모든 사람을 내게로 이끌겠노라"(요 12:32)고 말씀하셨다. 이와 관련하여 경솔하게 어떤 말을 내뱉거나 우리와 힌두교도 사이에 예절의 차이점 등을 불필요하게 거론하여 현지인들이 우리에게서 점점 멀어지게 되는 일이 생겨나지 않도록 늘 조심해야 한다. 바울이 여러 사람에게 여러 모양이 되기로 작정한 것은 아무쪼록 몇몇 사람들을 구원코자 함이었으며, 또한 바울이 믿음이 연약한 자를 실족하지 않게 하기 위해 자신이 누릴 수 있는 안락함까지도 포기했던 결정들을 특히 주목해야 할 상황이다. 선교 현장에서 이러한 행동 지침은 가장 지혜로운 행동 원리에 기초해 나온 것이라고 우리는 생각한다. 바울 사도로부터 복음을 들었던 이들과 거의 유사한 사람들 가운데서 사역하고 있는 우리는 바울을 선교사로 이끌었던 이

적절한 지혜의 참뜻을 이제 이해하게 되었다.

퀘이커 교도들은 모라비안 선교사들(Moravians)과 북미 인디언들을 점잖은 태도로 대해 줌으로써 이방인들로부터 놀랄 만한 사랑과 신뢰를 얻는 경우가 많았다. 현지인이 여러 면에서 자신보다 열등하다고 생각하면서 이들을 자신에게 가까이 오게 할 수 없을 만큼 너무 거만하여 다른 사람에게 허리를 굽힐 줄 모르는 사람은 선교사로서 부적절하다. "만일 진정으로 사람들의 영혼에 도움을 주려고 한다면 사람들이 전도자를 짓밟는다 하더라도 전도자는 이에 개의치 않아야 한다"고 말했던 어떤 성공적인 복음 전도자의 말은 지금도 유효하며 우리 선교사들이 항상 함양해야 할 품성을 표현하고 있다.

넷째, 우리는 선행을 베풀 모든 기회를 찾아보아야 한다.

만일 선교사가 예배당에 모인 사람들에게 일주일에 두세 번 말씀을 전했다고 만족한다면 그는 비난받을 가능성이 많다. 기회가 생기는 대로 그리고 때를 얻든지 못 얻든지 어디서나 매일 거의 한 시간 동안 현지인들과 대화하고, 이 마을 저 마을로 순회하며, 이 시장 저 시장으로 돌아다니고, 사람들이 모인 곳마다 찾아다니며, 하인이나 일꾼들에게 말을 건네는 등 이 일을 위하여 우리는 이 나라에 부름을 받았다. 특히 열대 지역에서는 지쳐서 이렇게 적극적으로 전도할 수 없지만, 인생은 짧고 우리 주위의 모든 사람들이 멸망의 길로 가고 있는데 만일 우리가 구원의 복된 소식을 전하지 않는다면 우리에게 화가 미칠 것이라는 사실을 항상 기억해야 한다.

다섯째, 이교도들에게 복음을 전할 때 우리는 바울을 본받아 십자가에 못 박혀 돌아가신 그리스도만을 전해야 한다.

선교사가 선교지에서 진리의 말씀만을 전한다 해도 수년 동안 한 사람에게도 확실한 소망(hope)을 심어 주지 못하는 경우가 매우 많다. 그리스도의 대속(代贖)의 죽음과 모든 죄를 사하는 대속적 공로에 대한 교리는 중요한 개종 수단이었으며 앞으로도 그러해야 한다. 이 대속 교리와 그 외의 교리는 이교도 개종과 직접적으로 관련되어 있으며 항상 기독교회를 풍요롭게 하고 거룩하게 유지시켜 왔다. 이 영광스러운 진리의 말씀은 언제나 우리의 영혼에 기쁨과 능력이 되며, 우리가 다른 사람들에게 전파할 내용이 될 것이다. 로마 가톨릭 교회의 개혁을 시도한 루터(Luther)의 종교 개혁이 급속도로 확산되게 한 것도 이러한 진리의 말씀이었다. 청교도들이 주창했던 엄청난 영향력을 지닌 복음의 빛이 영국에서 거의 꺼져갔을 때 휫필드(Whitfield), 웨슬리(Wesley) 등 근대 사도들의 설교를 가득 채운 것도 이러한 진리였다.

현재 전 세계에서 가장 성공적인 선교사들이 그리스도의 속죄를 계속적인 선포의 주제로 삼고 있다는 것은 널리 알려진 사실이다. 우리가 말하는 이 선교사들은 모라비아 선교사(Moravians)들이다. 이들은 자신들이 거둔 선교의 열매가 우리 구주의 죽음만을 전했기 때문에 가능했다고 생각한다. 우리의 선교 경험으로 볼 때도 우리 가운데 예수를 믿게 된 모든 힌두교도들은 우리 구주의 대속적 죽음에 나타나 있는 놀라운 구속적 사랑에 강권되어 그리스도께로 인도되었다고 주저함 없이 인정할 수밖에 없다. 그렇다면 우리가 힌두교도와 무슬림들 가운데서 십자가에 못 박히신 그리스도 외에 아무 것도 알지 아니하기로 결심해야 하지 않겠는가!

여섯째, 현지인들이 선교사를 전적으로 신뢰할 뿐 아니라, 선교사와 아주 편안한 마음으로 동역할 수 있는 관계가 절대적으로 필요하다.

이러한 신뢰가 형성되려면 우리는 현지인의 불만에 대해 기꺼이 경청하려는 태도를 가져야 하며, 이들에게 가장 따뜻한 마음으로 조언을 하고, 가장 열린 마음으로 어떠한 편견도 없이 공정한 방식으로 의사 결정을 해야 한다. 우리는 현지인들이 가까이하기 쉬운 사람이 되어야 하며, 현지인들을 열등하게 여겨 교만하게 행하지 말고 가능한 한 겸손하게 대할 뿐 아니라 우리와 동등하게 대해야 한다. 우리가 과격한 행동을 하게 되면 그들은 우리의 인격을 매우 낮게 평가할 것이다. 무력으로 하려하거나 거만한 태도는 어떻게 하든지 조심하고 자제하고 피해야 한다. 현지인의 영혼 구원을 목표로 일할 때 우리는 어떠한 엄청난 희생도 감내할 수 있으며, 그럴 때 우리는 진정으로 그리스도의 선교 명령에 순종하게 되는 것이다.

일곱째, 우리의 선교사업에서 중요한 것은 점점 늘어날 현지인들을 양육하고 돌보는 일이다.

초신자 신앙 교육은 가능한 한 단순한 진리만을 가르쳐야 하며, 이들 개종자들이 하나님께 굳건한 소망의 기초를 두고 그 안에 견고하게 뿌리내리며 이들의 마음속에 복음의 위대한 원리가 새겨지도록 하는 데 모든 노력을 기울여야 한다. 선교사는 매일 일정 시간을 현지인과 함께 보내야 이들을 양육할 수 있다. 현지인들이 하나님을 아는 지식 안에서 자라나는 데는 많은 시간이 소요되므로 선교사에게 적지 않은 인내가 요구된다.

또한 우리 선교사들은 현지 개종자들이 부지런한 습관을 갖도록 훈련시키고 이들이 악의 유혹에 빠질 위험이 없는 직업을 찾도록 도와야 한다. 선교사는 온유함과 인내심을 가져야 한다. 왜냐하면 이교 국가들이 근면한 습성을 형성하기까지 쉽지 않다는 것을 우리가 알기 때문이다. 선교사들은 이들 개종자들이 인간 상호관계, 가정, 옛 지위와 직업을 포기하고 공동으로 드리는 제사(祭祀)에 불참함으로 인해 이교도 상전 밑에서 직업을 구하기가 매우 어렵게 된다는 것을 기억해야 한다. 현지 개종자들이 그리스도를 믿기 위해 지불해야 하는 세상적인 손해에 동정심을 느끼지 못하는 선교사는 이들에게 엄청난 잔학 행위를 저지르는 셈이 된다.

어느 지역에서 선교사가 위정자들로부터 핍박을 받든지 보호를 받든지 간에, 그들을 공경할 의무가 있고 그들에게 기꺼이 복종해야 한다. 또한 선교사는 현지의 교인들에게 이러한 원리를 가르쳐야 한다. 우리 선교사들은 관대한 보호를 받은 것에 대한 보은의 마음으로 이러한 책임을 특별히 느끼는 것이다. 진정으로 그리스도를 따르는 자라도 위대한 스승이신 그리스도의 본과 헌신된 삶에 대한 성경의 모든 교훈을 거부하면 불충성한 사람이 되고 만다. 선교의 진보를 위해서 선교사는 아무 것도 두려워하지 않는다는 점을 세속 권력(civil power)에게 분명히 인식시켜야 하며, 이는 우리의 지혜인 동시에 의무이다. 기독교 통치자의 종교로 개종한 이교도들이 충분한 신앙 교육을 받게 되면, 다른 종교를 받아들이지 않고 기독교 통치자를 좋아할 뿐 아니라 이들과 쉽게 하나가 될 수 있다.

선교 현지의 교인들을 온유함으로 책망하고 거룩한 교제를 가지도록 이끌기 위해 그들이 저지른 잘못을 용서하는 일이 매우 필요하다. 우리는 죄악이나 죄의 결과에 대해 충분히 생각해 본 적이 없는데다가 자신들이 의롭다고 생각하는 현지인들이 최근에 연루되어 있는 총체적인 흑암을 기억해야 한다. 우리는 또한 영적인 생각을 하고 거룩한 자기 부인의 생활 방식을 살도록 훈련시키는 과정에서 인간 본성이 얼마나 역행적인지를 기억해야만 한다. 그러므로 우리는 현지인 개종자가 많은 실수를 하고 자신의 죄악에서 벗어나려는 경향을 거의 보이지 을 때도 그를 포기하거나 밀쳐 내서는 안 된다.

현지인 개종자들 앞에서 일할 때 선교사는 보다 세심한 주의와 신중함을 절대적으로 기울일 필요가 있다. 유럽에서 기독교인들의 타락은 이 나라에서처럼 그렇게 심각한 결과를 초래하지 않는다. 왜냐하면 기독교인의 행동보다 하나님의 말씀에 항상 더 관심이 있기 때문이다. 그러나 이곳 선교지의 현지인들은 하나님의 말씀에 대한 지식이 거의 없으므로 선교사들의 행동을 그리스도가 제자들에게서 찾는 그런 표본적인 행동으로 간주한다. 현지인들은 선교사가 드러내는 예수와 예수의 가르침만을 알 뿐이다.

현지인 개종자의 부인을 그리스도의 길로 인도하는 방안에 대해 알아보자. 이들 개종자의 부인은 현지 여성들에게 복음을 전하는 주님의 일에 보배로운 존재가 될 수 있다. 우리 선교사들은 우리와 함께 선교사역을 감당해 온 여성들의 도움을 언제나 기대했었다. 초대교회 시절에 사도들이 경건한 여성들의 도움을 많이 받았음을 알고 있다. 아시아에서 남성 선교사들, 특히 신분 계층이 다른 남성들은 여성들에게 접근할 수 없기 때문에 여성 일꾼들의 도움은 매우 중요하다. 그러므로 유럽 선교사의 부인들이 현지어를 습득할 수 있도록 가능한 모든 지원을 해야 한다. 차후에 하나님의 섭리 가운데 선교의 문이 열리면 선교사 부인들은 유럽 선교사들이 전하는 복음을 듣지 못한 채 격리되어 있는 수백만의 현지 여성들에게 구원의 메시지를 전하는 도구가 될 것이다. 이러한 점에서 선교사 부인은 현지의 여성 개종자들이 거룩한 삶을 살도록 장려하고 전도의 열심을 불러일으킴으로써 선교사역에 큰 도움을 줄 수 있다.

어떤 점에서 보면, 선교사는 현지인들에게 아버지와 같은 역할을 해야 진정한 선교사가 될 수 있다. 선교사가 아버지의 마음으로 모든 염려와 근심을 느낀다면, 그리고 아버지가 자녀를 위하듯이 현지인들의 복지와 교제를 기뻐한다면 현지 교인들은 선교사와 함께 모든 자유함을 느끼며 선교사를 신뢰하게 될 것이다. 이는 선교사가 바라는 바이다. 그러나 현지인들이 선교사에게 마음을 열지 않고 쌍방 간에 참된 상호존중의 관계가 형성되지 않으면, 선교사가 현지 교인들을 제대로 그리고 기쁘게 지도하기란 거의 불가능하다.

여덟째, 우리 선교사역의 또 다른 면은 현지 신자들의 재능을 육성하고 이들의 모든 은사를 계발하여 현지 신자들의 능력을 극대화하는 것이다.

이 점에서 선교사는 현지인의 능력 향상에 모든 관심을 기울여야 한다. 이 거대한 인도 대륙 전역에 편만하게 복음을 전하려면 현지 전도인을 통한 방법밖에 다른 방도가 없다. 수백만의 사람들에게 말씀을 전파하고 인간이 거주하는 대부분의 지역에 유럽 선교사들을 파송하여 복음을 전할 도구로 삼기에는, 유럽 선교사 수가 너무 적을 뿐 아니라 이들의 선교사 파송 비용이 너무 많이 든다.

유럽 선교사에 대한 현지인들의 편견과 현지어를 유창하게 구사하기가 어렵다는 점은 말할 것도 없고, 현지의 뜨거운 열기 속에서 선교사들이 계속적으로 순회하기가 불가능하며, 선교 여행을 하는 데 소요되는 비용이 너무 크다. 이러한 점 때문에 현지인 사역자의 능력을 향상시켜서 가능한 한 많은 현지인 전도자를 파송하는 일은 반드시 추진해야 할 실제적인 선교 방안이다. 만일 말씀전파 사역이 교회 내 한 개인의 책임으로만 한정된다면, 인도에서 복음 확장 사역이 우리의 방식대로 진행되지 않을 것이다. 그러므로 선교사는 모든 은사를 활용하여 현지인 신자들이 자기 동족에게 영광스런 하나님의 복된 복음을 전하도록 계속적으로 권면해야 한다.

더 나아가서 우리의 임무는 인도 대륙에 그리스도의 뜻을 굳게 세우고, 또 우리의 힘이 닿는 한 그리스도의 뜻이 영원히 세워지도록 노력하는 것이다. 또한 설령 유럽 선교사들의 노력이 약화된다고 하더라도 우리는 현지 신자들이 독자적인 교회를 조직하고 현지인 중에서 목사와 집사를 선출하고 설립된 교회마다 가능한 한 그 지역 선교사의 간섭 없이 현지인 목회자(native minister)가 정기적으로 말씀을 선포하고 성찬식을 거행하도록 장려해야 한다. 선교사는 끊임없이 현지인 목회자가 하는 일을 감독하고, 교회의 규칙과 치리에 관한 조언을 해 주며, 현지 목회자들이 범할 수 있는 실수를 정정해 주고, 현지 목회자들의 직임과 이들이 그리스도에 대한 견고한 믿음을 가지고 있음을 기쁨으로 지켜본다.

이제 선교사는 계속해서 다른 지역에서 새로운 교회를 개척할 수 있게 될 뿐 아니라, 맡은 지역에서 최선을 다해 복음 전파하는 일에 모든 힘을 쏟을 수 있게 될 것이다. 이러한 방법에 의해 연합(unity)이라는 선교사역의 특징이 보존되며, 모든 선교사들은 하나의 몸을 이루고, 각 선교사는 그리스도의 선하신 뜻이 명하는 대로 옮겨갈 수 있게 될 것이다. 여러 현지 교회는 자연적으로 그들의 목회자 사례비와 교회 경비 그리고 예배당 건축비 등의 제반 경비를 스스로 감당하는 법을 자연스럽게 배우게 될 것이다. 또한 현지인이 모든 경영을 담당하게 됨으로써 그들은 복음 전도를 자기 민족이 감당해야 할 사명으로 분명히 인정하게 되고, 유럽인에 대한 편견도 완전히 사라지게 될 것이다. 또한 현지 교회의 목회자와 신자들 스스로가 복음의 은혜를 풍성히 체험하게 될 때에 우리는 그들이 새로운 활력을 얻어 복음을 전하게 될 것이라는 희망을 갖게 된다.

하나님의 축복하심으로 몇 년 안에 선교지에 교회가 많이 설립된다면, 현지 교회를 통해 하나님의 말씀이 인도 국경까지 울려 퍼지게 될 것이다. 현지 교회는 그곳 기후에 익숙하고 현지인의 관습과 언어와 여러 방언과 사고방식을 잘 알고 있는 수많은 현지 설교자들을 양육하여 선교사로 파송할 수 있게 될 것이다. 현지인 선교사는 현지인과 완전히 친숙해 질 수 있고, 그들의 집에 들어갈 수 있으며, 현지 음식을 먹으며 살아갈 수 있고, 그들의 집이나 또는 나무 밑에서도 잘 수 있다. 또한 현지인 선교사는 인도 전역을 거의 아무런 비용을 들이지 않고서도 여행할 수 있다. 현지인 선교사는 현지 교회의 모든 일을 항상 돌아보아야 하기 때문에 교회가 잘못되거나 무질서로 빠질 염려는 없다.

이러한 선교 방안에는 여러 가지로 분명한 이점이 있으므로 이 방안을 완벽히 수행해 나가는 데 우리는 지속적인 관심을 가져야 한다. 이렇게 세워진 어린 교회들을 돌아보고, 그들로 하여금 규율을 지키도록 감독하고, 사망의 그늘 가운데 있는 지역에서 복음 진리의 빛을 분명하게 발하도록 격려하면서, 모든 면에서 흑암에서 놀라운 진리의 빛으로 부름 받아 나온 성도로 살아가도록 격려하는 중요한 책임을 감당하기 위해, 우리는 모든 은혜와 힘의 원천이신 주님께 항상 나아가야 한다. 한 교회를 돌보는 목회자가 되는 일도 아주 엄숙하고 중요한 책임이라고 한다면, 우상숭배(heathenism)에서 이제 막 빠져나와 먼 거리에 설립되어 있는 여러 교회를 돌보는 일은 이보다 얼마나 더 중요한 사역인가?

우리는 성경에서 사도들이 이교에서 기독교로 개종한 초대교회의 신자 에바브로디도(Epaphroditus), 뵈뵈(Phoebe), 브드나도(Fortunatus), 실라(Sylvanus), 아볼로(Apollos), 허메(Hermes), 유니아(Junia), 나깃수(Narcissus) 등의 이름을 바꾸지 않았던 예를 따라 현지 신자들의 이름을 바꾸지 않는 것이 도리라고 생각한다. 이런 이름은 거의 다 이방신의 이름에서 따온 것이다. 우리는 열방에 복음을 전하게 하시는 하나님의 구원 계획의 원대한 목적은 이름, 옷차림, 음식 등의 인간의 순진한 관습을 바꾸는 것이 아니라, 사람의 마음과 행동에 도덕적이고 거룩한 변화를 가져오는 것이라고 생각한다. 신자들이 이방신의 이름을 계속 가지고 있는 것은 옳은 일이 아니지만, 개종한 사람 모두에게 새로운 이름을 지어 주게 되면 가족과 이웃 관계에 공연히 쓸데없는 혼란을 야기할 수 있기 때문에 꼭 필요하거나 현명한 방안은 아니다.

그 외 다른 일에 관해서는 권위적인 수단을 사용하는 것보다는 모범을 보이고 온유하게 설득함으로써, 그들이 마음을 조금씩 열게 하는 교화를 통해 신자들을 이끌어 가는 것이 우리의 도리라고 생각한다. 이러한 방법을 사용하면 그들은 자신들의 죄악된 관습을 깨닫게 되고 경멸하여 버리게 된다. 하지만 무력을 사용하게 되면, 비록 그들이 우리 앞에서는 잘못된 관습을 버리는 것 같으나 관습의 죄악성을 깨닫지 못하기 때문에, 우리가 없는 곳에서는 위선의 가면을 쓰고 감히 할 수 없었던 일을 감행할 위험이 상존한다.

아홉째, 우리는 전심전력하여 성경을 인도(Hindoostan)의 여러 언어로 번역해야 한다.

하나님의 도우심으로 이미 진행된 성경 번역 사업을 우리는 "계속 추진하라"는 분명한 사명으로 받아들이고 있다. 지금까지 하나님은 언어 학습에 필요한 능력을 우리에게 주셨기 때문에, 우리는 인내하며 열심히 여러 언어를 습득해야 한다고 생각한다. 우리는 거룩한 하나님의 말씀이 인도 전역에 골고루 출판될 때까지 성서 번역은 결코 포기해서는 안 되는 선교 목표라고 간주한다. 우리는 우리에게 이 위대한 일을 감당할 수 있는 능력을 주시고, 성경 번역과 출간을 완수하여 주님의 거룩하신 이름을 높이게 하는 모든 지식과 능력의 원천 되시는 주님을 바라보아야 한다.

모든 경우에, 영원한 진리의 원천이며 인류를 위한 구원의 메시지인 하나님의 말씀을 부지런히 가르치고 배포하여야 하며, 가능한 모든 방법을 동원하여 현지인들이 하나님의 말씀에 대한 관심과 존경심을 가지도록 해야 한다. 또한 출간되어 있는 여러 가지의 기독교 소책자(tracts)를 널리 배포해야 할 책임이 우리에게 있다. 그리스도를 아는 지식을 널리 전파하려면 인도 전역에 많은 양의 성경과 전도용 소책자를 끊임없이 배포해야 하기 때문에, 이러한 사실을 기억하면서 우리가 가끔씩 만나는 사람일지라도 그 모든 기회를 놓치지 말고 그들의 손에 전도지 한 장이라도 건네주어야 한다. 우리는 현지인들이 많이 살고 있는 지역을 찾는 노력을 기울여야 하며, 그 지역을 돌아보아 마을 사람 모두에게 구원의 소식을 전하여 그들을 기쁘게 해 주어야 한다.

현지인 무료학교를 설립하는 일은 미래의 복음을 통한 정복에 있어 매우 중요한 선교 목적이 된다. 이렇게 기쁨이 넘치고 흥미 있는 우리의 선교적 노력을 염두에 두지 않으면 안 된다. 기회가 주어질 때마다 이러한 시설들을 설립하고 방문하고 격려해야 하며, 또한 다른 유럽 선교사들에게 무료학교 설립을 권해야 한다. 신성한 빛은 개인에 관계되든 나라에 관계되든지 간에 점진적으로 증폭되어 나간다. 암흑 속에 있는 인도의 여러 지역에서 거룩한 빛의 발광체를 확장시켜 나가는 일은 "물 위에 던진 떡을 여러 날 후에 도로 찾는 일"(전 11:1)과 같다.

여러 면에서 힌두교도들이 그들의 우상을 버리고 택하신 족속, 왕 같은 제사장, 거룩한 나라의 백성이 되도록 준비시켜 주는 하나님의 섭리적 사건이 일어나고 있다. 이교도를 회심시키기 위해 지금 당장 해야 할 선교적 노력이 있는가 하면, "한 나라가 일어날 순간"을 기대하면서 그 영광스러운 때를 준비하기 위한 선교적 노력도 있다. 현지인을 위한 무료학교 설립은 후자에 속하는 선교적 노력이다.

열째, 이처럼 힘들고 말할 수 없을 만큼 중요한 노력을 기울이기 위해서 우리는 간절히 기도하고 개인의 경건 생활에 열심을 더해야 한다.

매우 탁월하게 하나님의 일을 감당해 왔던 사람들을 기억하자. 이따금씩 브레이너드(Brainerd)를 생각하자. 그는 미국의 숲속에서 멸망 받을 이교도[미국 원주민]들을 위해 하나님 앞에서 자신의 영혼을 쏟아 부으며 사역했고, 그는 그들의 구원 이외에 다른 기쁨을 얻지 못했다. 기도, 특히 은밀하고 열정적인 믿음의 기도만이 모든 개인적인 경건의 본질이다.

현재 사역하고 있는 나라의 언어에 대한 충분한 지식, 온유함과 상냥한 기질, 은밀한 중에 하나님께 온전히 드려진 마음 등은 하나님의 도구로서 인류 구원의 위대한 사역을 수행하는 우리 선교사들이 갖추어야 할 자질과 능력이다. 이는 어떠한 지식이나 은사보다 선교사에게 필요한 자격이다. 그러므로 하나님이 모든 우상들을 패퇴시키고, 이교도들이 그리스도 안에 있는 축복을 누리는 날까지 정기적으로 연합 기도에 항상 힘쓰자. 아무리 지리적으로 멀리 떨어져 있다고 하더라도 우리 각자가 하나님과 씨름하며 성령 안에서 간절히 기도해야 한다.

결론

끝으로, 이 영광스러운 선교의 대의(cause)를 위해 우리 자신을 모두 아낌없이 드리자.

우리 중 누구도 우리의 시간, 재능, 힘, 가족, 심지어 우리가 입고 있는 옷까지도 우리의 것이라고 생각하지 말자. 우리가 가진 모든 것을 하나님과 그가 원하시는 목적을 위해 거룩하게 구별하여 드리자. 참으로 하나님은 우리를 거룩하게 하시고 그의 일을 감당하게 하실 것이다! 우리 자신이나 자녀들을 위해 물질을 쌓아 둘 생각은 영원히 하지 말자. 우리가 세람포어(Serampore)에서 처음 하나로 연합되었을 때 만든 이러한 결의안을 개인적인 욕심 때문에 포기한다면, 우리의 선교는 바로 그 순간에 목적을 잃어버리고 말 것이다. 그렇게 되면 세속적인 정신과 다툼, 그 외의 모든 사악한 사업이 번영할 것이다. 하지만 우리 공동체의 형제들은 제각기 자신만을 위하여 일할 것이다. 아무리 사소한 것이라도 이러한 행동을 하는 사람에게 화(禍)가 있을지어다! 세속적인 정신에 물들지 않도록 계속하여 주의하고, 제멋대로 행하는 방종에 대해서는 기독교의 태연함을 키워나가자. 그보다 우리 모두 예수 그리스도의 선한 군사로서 어려움을 참아내며 어떠한 형편에든지 자족(自足)하기를 배우도록 노력하자.

　만일 이런 식으로 우리가 하나님의 것인 우리의 몸과 마음을 가지고 하나님을 영화롭게 할 수 있다면, 하나님은 우리가 소원하는 바를 돌아보실 것이다. 우리가 모든 것을 공동 소유하기로 결의하고 개인의 이익과 욕심을 도모할 목적으로 장사를 해서는 안 된다고 결의한 후, 우리 각 가정은 세상적으로 가장 번영할 때 느꼈던 만족보다 더 큰 만족을 느꼈다. 우리가 이와 동일한 원칙하에 인내할 수 있다면, 우리는 예수를 믿게 된 수많은 사람들이 복음을 이 나라에 보내 주신 것 때문에 하나님께 영원히 감사하게 되기를 바란다.

　이러한 생각을 잊지 않고 항상 마음속에 간직하기 위해, 매년 세 번씩 개최되는 선교부 연례회의의 1월, 5월, 10월 첫 주일에 각 선교지부에서 선교 합의문을 모든 사람 앞에서 공개적으로 읽을 것을 결의하는 바이다.

윌리엄 캐리의 선교신학:
『이교도 선교방법론』(1792)과
『세람포어 선교협약문』(1805)을 중심으로

I. 들어가는 말

1792년 영국 레스터(Leicester)에서 무명의 윌리엄 캐리(William Carey, 1761-1834)는 해외선교에 관한 소책자를 출간했다. 당시 출판된 책들이 다 그러하듯이, 캐리의 소책자는 『이방인 개종방법을 모색하기 위한 기독교인들의 책임에 관한 연구: 세계 각국의 종교현황, 과거 선교가 거둔 성공, 그리고 미래 선교를 위한 실제적인 논의』(이하 『이교도 선교방법론』)[1]라는 긴 제목을 가지고 있다. 그러나 31살의 비국교도(침례교) 목사가 심혈을 기울여 연구하고 조사한 끝에 내놓은 이 책에 관심을 기울이는 사람들은 많지 않았다. 하지만 1793년 그가 침례교 선교사로 인도에 나간 이후에 캐리의 책은 여러 판(1822년 재판)을 거듭하며 영미권과 유럽 전역에 선교운동을 촉발시키는 역할을 하게 된다.

잊혀질 뻔했던 캐리의 『이교도 선교방법론』이 선교 역사가들의 많은

---

1) William Carey/변창욱 옮김, *An Enquiry into the Obligations of Christians, To Use Means for the Conversion of the Heathens. In Which the Religious State of the Different Nations of the World, the Success of Former Undertakings, and the Practicability of Further Undertakings, Are Considered*, 『이교도 선교방법론』 (서울: 야스미디어, 2021).

관심을 받는 이유는 무엇인가? 이 책의 출간을 근대 개신교 선교운동의 출발점으로 삼는 이유는 무엇일까?[2] 본 논문은 이러한 질문에 대한 심도깊은 논의를 다룬다. 캐리가 남긴 1차 자료가 많지 않지만, 본 연구에서는 선교지에 나가기 전에 저술한 87페이지의 『이교도 선교방법론』(1792)과 인도에서 12년 사역한 후에 캐리의 주도적 역할을 통해 발표된 10페이지의 『세람포어 선교협약문』(Serampore Covenant, 1805)의 두 저작에 나타나 있는 캐리의 선교사상과 신학을 분석한다. 다시 말해, 선교사로 나가기 전에 캐리가 가졌던 선교방안이 그가 선교사로 사역한 후에는 어떻게 발전해 나갔는지를 상호 비교한다. 끝으로 캐리의 두 저술이 한국교회와 세계교회에 주는 선교적 교훈과 도전을 살펴본다.

II. 『이교도 선교방법론』(1792)의 선교신학

1. 『이교도 선교방법론』의 역사적 평가

월리엄 캐리에 대한 방대한 자료를 발굴하여 1885년에 캐리 전기를 발간했던 영국의 조지 스미스(Smith)는 캐리의 이 소책자를 '영어로 된 최초의 그리고 가장 위대한 선교 논문'[3]이라고 평가했다. 독일 할레대

---

2) 윈터는 『이교도 선교방법론』 출간을 그 기준으로 삼는다. Ralph Winter 외 2인 편저/변창욱 역, 『퍼스펙티브스 1: 세계 기독교 선교운동의 역사적 관점』 (경기: 도서출판 예수전도단, 2010), 555-556.

3) George Smith, *The Life of William Carey, D.D., Shoemaker and Missionary* (London: R. & R. Clark, 1885), 40.

학 최초의 선교학 교수이자 개신교 선교학의 아버지로 불리는 바르넥 (Warneck)은 이 책자가 발간된 1792년을 '근대 개신교 선교학의 출발점' 으로 간주했고,[4] 미국 침례교 선교역사가 채니(Chaney)는 '위대한 세기 (1792-1914)를 여는 시점'으로 보았고,[5] 네덜란드의 선교학자 페르까일 (Verkuyl)은 캐리를 선교사역의 지평을 새롭게 연 인물로서 '선교학의 기초'를 놓은 선교학자로 간주했다.[6] 미국의 선교역사가 허버트 케인 (Herbert Kane)은 캐리의 소책자는 강력한 논증으로 해외선교를 촉구했 을 뿐 아니라 개혁의 불씨가 된 루터(Martin Luther)의 95개조 반박문처 럼 교회의 선교운동 확산에 커다란 영향력을 끼쳤다고 평가했다.[7]

한국 선교사와 프린스턴 신학대학교 선교학 교수를 역임한 마펫 (Samuel H. Moffett/마삼락, 1916-2015)은 캐리의 『이교도 선교방법론』을 성경을 제외하고 근대 개신교 선교운동사에서 가장 강한 영향을 끼친 책으로 평가했다. 개신교 선교역사는 『이교도 선교방법론』 출간을 기 준으로 나눌 수 있으며, 1793년 캐리가 인도에 가기 전에 제안한 선교방 법과 그와 동료선교사들이 인도에서 사역한 후 제안한 선교방법이 어 떻게 변했는가를 상호 비교할 것을 제안하고 있다.[8]

캐리의 선교 소책자 『이교도 선교방법론』은 출판된 지 200년이 지났

---

4) Gustav Warneck, "Zum Jubiläumsjahr der evangelischen Mission," Allgemeine Missions-Zeitschrift 19 (1892): 3-4.

5) Charles L. Chaney, The Birth of Missions in America (South Pasadena: William Carey Library, 1976), xi.

6) J. Verkuyl, Contemporary Missiology: An Introduction (Grand Rapids, MI: William B. Eerdmans Publishing Company, 1978), 179.

7) J. Herbert Kane, A Concise History of the Christian World Mission, 변창욱 편역, 『세 계 선교 역사』(서울: 기독교문서선교회, 2020), 184.

8) Carey, 『이교도 선교방법론』, 마삼락 박사의 추천사, 10-14.

지만 지금도 우리에게 많은 선교적 통찰력을 제공하고 있다. 캐리의 이 저술을 읽는 사람은 누구나 이 글의 간결성과 설득력 그리고 지금 현재의 선교 상황에도 적용될 수 있는 선교적 통찰력에 놀라게 된다. 이 책은 캐리가 인도의 선교현장으로 파송되기 전 영국에서 해외선교에 대한 자신의 생각을 정리해 놓은 선교 지침서라고 볼 수 있다.

2. 『이교도 선교방법론』에 나타난 캐리의 선교신학

1) 이방인 개종을 위한 구체적 방법으로 선교회 조직을 제안했다.

『이교도 선교방법론』(1792)에서 캐리는 구체적인 선교방법(means)으로 선교회 조직을 제안했다. 그가 제안한 선교회 조직은 다음 해인 1793년에 영국 침례교 선교회(Baptist Missionary Society) 결성으로 열매를 맺게 되었다. 그 후 런던선교회(London Missionary Society, 1795), 영국 성공회 선교부(Church Missionary Society, 1799), 바젤 선교회(Basel Mission, 1815) 등 수많은 선교회가 조직되었고, 이로써 영국 침례교 선교회는 19세기에 선교회를 통한 선교의 시대를 촉발시키는 선구적 역할을 했다.

2) 역사상 최초로 통계자료와 선교정보를 제공함으로써 선교의 필요성을 호소했다.

『이교도 선교방법론』 제3장에서 캐리가 전 세계 모든 나라의 인구,

종교현황을 담아 출판한 이후 이러한 형식을 따라 제작된 선교 도서들이 출간되기 시작했다. 예를 들면, 1876년에는 영국, 유럽 대륙, 미국의 선교부가 지난 50년(1825-1875) 간 추진한 선교 상황을 조사하여 출판했다.[9] 1910년 에딘버러 세계선교사대회 이후 설치된 계속 위원회(Continuation Committee)는 1918년 세계선교정보를 담은 책을 출간했다.[10] 1933년 국제선교협의회(International Missionary Council)는 전 세계의 모든 개신교 선교부와 선교단체의 선교정보를 수록한 『해외선교 총람』을 발간했다.[11]

1974년 첫 출간 이후 세계 비복음화 지역의 영적 상황과 선교정보(인구, 종족 집단, 언어, 종교 비율)를 조사하여 『세계기도정보』를 펴내는 존스톤(Patrick Johnstone)은 자신의 책이 1792년 출간된 캐리의 『이교도 선교방법론』의 모범과 전례를 따른 것임을 밝히고 있다.[12] 저명한 교회 통계학자 바레트(David Barrett)와 토드 존슨(Todd Johnson)도 『세계기독교 현황』이라는 방대한 책에서 캐리의 『이교도 선교방법론』은 '세계 최초로 주요 대륙의 나라들과 기독교를 비롯한 세계 주요 종교에 대한

---

9) D. Loving, *A Survey of Fifty Years' Mission Work, 1825-1875* (n.p.: 1876).

10) J. H. Oldham and G. A. Gollock, "A Missionary Survey of the Year 1917," *International Review of Missions* 7 (1918): 3-58.

11) Esther B. Strong and A. L. Warnshuis, ed., *Directory of Foreign Missions: Missionary Boards, Societies, Colleges, Cooperative Councils, and Other Agencies of the Protestant Churches of the World* (New York: International Missionary Council, 1933).

12) Patrick Johnstone, *Operation World: The Day-by-Day Guide to Pray for the World* (Grand Rapids, MI: Zondervan Publishing Hpouse, 1993), 7; Patrick Johnstone, "Operation World - A Tool for Missions," *Missiology: An International Review* 27 (January 1999): 21.

상세한 통계학적 조사'라고 평가했다.[13]

3) 캐리는 현지인들을 유럽인과 동등하게 영혼을 가진 사람들로 대우했다.

당시 영국인들은 인도인들을 미개하고 열등한 인간으로 간주했다. 그러나 캐리는 그들처럼 인종적 우월감에 사로잡혀 있지 않았다. 캐리는 인도인도 유럽인과 똑같은 사람이며, 불멸의 영혼을 지니고 있다고 보았다. 인도인들도 하나님의 사랑의 대상이며, 구원의 대상이라고 믿었다. 인도인들이 지금은 영적 무지와 야만에 사로잡혀 있지만, 복음을 받아들이면 그들도 개화하고 놀라운 일을 행할 수 있을 것으로 보았다. "그들도 우리처럼 불멸의 영혼을 지니고 있고, 우리처럼 복음의 위대함을 드러내며 전도, 글쓰기와 예배를 통해 구세주의 이름에 영광을 돌릴 뿐 아니라 교회에 유익을 줄 수 있는 능력을 소유하고 있다."[14]고 보았다.

캐리는 먼 훗날 인도교회가 유능한 신학자들을 배출하고 그들이 저술한 신학논문을 영국인들이 읽게 되는 날이 언젠가 올 것이라고 확신했다.

비록 이교도들이 지금은 사람같이 보이지 않지만, 언젠가 저들 가운데서 유능한 신학자들이 배출되고 저들이 저술한 기독교 진리를 변

---

13) David B. Barrett and Todd M. Johnson, *World Christian Trends, AD 30-AD 2200: Interpreting the annual Christian megasensus* (Pasadena, CA: William Carey Library, 2001).

14) Carey, 『이교도 선교방법론』, 101.

호하는 훌륭한 신학논문을 우리가 읽게 될 날을 기대할 수 있지 않겠는가?[15]

4) 캐리는 문명화는 복음화의 결과이자 부산물이라고 생각했다.

근대 개신교 선교운동의 초기인 18세기부터 19세기 초에 이르기까지 서구선교에 있어 문명화(civilization)와 복음화(evangelization) 가운데 어느 것에 우선순위를 두어야 하는지에 관한 문제는 분명하게 규정되지 못하고 있었다. 반 덴 버그(van den Berg)는 캐리가 문명화와 복음전파를 하나로 묶어 이해했다고 주장했다.[16] 그러나 아래의 인용문은 캐리가 기독교와 서구 문화의 우월성을 확신하고 있었음을 보여준다. 궁극적으로는 복음화를 통해 사람들의 의식이 깨이고 우상숭배에서 벗어나는 문명화 과정이 수반된다고 믿고 있었다.

> 복음 전파가 이교도들을 문명화하는 가장 효과적인 수단이 아니겠는가? 복음을 통해 문명화된 이교도들이 사회에 유익한 구성원으로 바뀌지 않겠는가?… 엘리엇(John Elliot), 브레이너드(David Brainerd) 등 미국 인디언들 가운데 사역했던 선교사들의 노력을 통하여 우리는 이러한 결과가 어느 정도 분명하게 나타났음을 알고 있다.[17]

---

15) 위의 책, 102.

16) David Bosch, *Transforming Mission: Paradigm Shifts in Theology of Mission* (New York: Orbis Books, 1991), 296.

17) Carey, 『이교도 선교방법론』, 101-102.

캐리에게 있어 선교의 한 가지 동기는 영적으로 잃어버린 채, 흑암에 갇혀 있는 불쌍한(poor) 사람들의 "건너와서 우리를 도우라"(행 16:9)는 음성에 응답하여 서구교회의 우월한 문화와 문명의 혜택을 나누며 자비로운(benevolent) 도움을 제공해주는 것이었다.[18]

5) 국내에도 불신자가 많은데 해외까지 나가 선교할 필요가 있느냐는 사람들에게 선교의 필요성을 설득력 있게 주장했다.

『이교도 선교방법론』에서 캐리는 영국 내에도 불신자들이 있지만, 그들은 복음을 들을 수 있는 여러 채널과 기회가 충분히 있음에도 자기 의지로 복음을 거부한 자들이라고 단정한다. 그러나 선교지의 불신자들은 자신들의 의지와 상관없이 복음을 들을 기회를 전혀 갖지 못한 자들임을 강조한다. 이처럼 '국내에도 할 일이 너무 많다'며 해외선교에 반대하는 사람들에 맞서 기독교 선교와 복음 전도의 필요성을 강조하는 캐리의 주장은 일관되고 설득력이 있을 뿐 아니라 오늘날에도 타당한 논증이다.

> 우리 동포들은 구원받을 은총의 수단을 가지고 있으며, 원하면 언제라도 선포되는 말씀을 들을 수 있다. 또한 그들에게는 진리의 말씀을 알 수 있는 많은 통로가 주어져 있고, 지금 영국의 거의 모든 지역에 신실한 목회자가 배치되어 있다… 그러나 이교도의 경우에는 상황이 아주 다르다. 그들에게는 성경(Bible)이 없으며, 많은 경우에 글자도 없으며, 목회자가 없으며… 그러므로 인간적인 동정심과 인간애 그리고 기

---

18) Bosch, *Transforming Mission*, 289-291.

독교적인 관점에서 볼 때에 그들에게 복음을 전하기 위해 가능한 모든 노력을 기울여야 할 것이다.[19]

이처럼 캐리는 왜 해외선교를 해야 하는지에 대한 이유를 분명하게 논증하고 있다. 그는 교회에는 선교지 사람들에게 복음을 전할 책임(obligations)이 주어져있음을 재차 강조하면서, 교회의 복음증거를 국내에만 제한하는 것은 기독교답지 못하며 이기적인 것이라고 비판한다. 예수는 모든 사람의 구주되시기에 선교사를 보내지 않으면 선교지 사람들은 구원받을 수 없다는 바울 사도의 말씀을 상기시킨다. "누구든지 주의 이름을 부르는 자는 구원을 받으리라. 그런즉 그들이 믿지 아니하는 이를 어찌 부르리요 듣지도 못한 이를 어찌 믿으리요 전파하는 자가 없이 어찌 들으리요 보내심을 받지 아니하였으면 어찌 전파하리요"(롬 10:13-15).

6) 극단적 예정론(hyper-Calvinism)을 극복하고 선교 대위임령을 회복시켰다.

근대 개신교 선교운동을 촉발시킨 캐리는 1792년 발간한 『이교도 선교방법론』에서 당시 교회에 널리 만연하던 극단적 예정론을 정면으로 논박했다.[20] 캐리는 주님의 지상 명령은 지상의 모든 교회가 순종하여 추진해야 할 선교 사명(obligation)으로 이해했다. 이를 통해 캐리는 해

---

19) Carey, 『이교도 선교방법론』, 45.

20) Kenneth Cracknell, *Justice, Courtesy and Love: Theologians and Missionaries Encountering World Religions, 1846-1914* (London: Epworth Press, 1995), 20-22.

외 선교에 무관심하던 교인들에게 선교 사명을 불러일으키려고 노력했다.

대부분의 교인들은 주님께서 주신 선교 대위임령(마 28:18-20)이 사도들에게만 주어진 명령이므로 자신들과는 아무런 상관이 없다(선교 무용론)고 생각했다. 1785년 캐리가 노스햄턴셔(Northamptonshire)의 침례교 목회자 모임에서 해외 선교의 필요성을 역설했을 때, 노년의 존 라일런드(John Ryland, Sr., 1723-1792) 목사로부터 다음과 같은 핀잔을 받았다.

> 젊은이, 자리에 앉게. 만일 하나님이 이방인들을 구원시키고자 하시면, 자네의 도움이나 나의 도움 없어도 얼마든지 이들을 구원시킬 수 있다네.[21)]

이러한 진술은 당시 만연한 극단적 예정론자들의 전형적인 생각이었다. 문제는 예정론과 하나님의 주권과 섭리만 지나치게 강조하다 보면 인간의 선교적 책임과 의무를 약화시키고 교회의 선교의지를 마비시키게 된다는 것이다.[22)] 다시 말해, 인간의 선교적 노력 없이도 하나님이 구원받을 자와 유기될 자들을 예정해 놓으셨다는 것이다. 이러한 생각에 사로잡혀 있던 당대의 교회를 염두에 두고서, 1792년 캐리는 『이교도 선교방법론』에서 하나님의 선교 명령은 취소되지 않은 명령임을 밝히고 있다. 캐리는 이 선교논문을 통해 마태복음 28:18-20절을 교회에 주신 새로운 선교 명령으로 되살렸다.

---

21) Kane, 『세계 선교 역사』, 184-185.

22) Bosch, *Transforming Mission*, 258, 261.

7) 선교현장은 초교파 협력의 기회와 장(場)이 될 수 있음을 인식했다.

캐리는 여러 교파 선교부 간 초교파(에큐메니컬) 연합과 협력의 효력과 중요성에 대한 예언자적 통찰력을 다음과 같이 보여주고 있다.

> 다른 교파 선교사의 터에 들어가서 방해할 필요 없이 우리 모두가 일할 수 있는 선교지역은 충분하다. 만일 비우호적으로 다른 선교부의 선교 지역을 침범하는 일만 발생하지 않는다면, 한 교파의 선교부가 다른 교파 선교부에 호의를 베풀 수 있고, 다른 교파의 선교사역이 성공하도록 기도할 수 있게 될 것이다. 왜냐하면 교파 선교부들 사이에 마찰이 일어나지 않는다면, 한 교파 선교회는 다른 교파 선교회를 참된 신앙의 전파를 위해 함께 노력하는 동역자로 간주할 수 있기 때문이다.[23]

이와 동시에, 캐리는 여러 교파 선교사들이 함께 사역하는 선교현장이 협력의 장이 되기도 하지만, 때로는 경쟁과 갈등을 유발하여 전체 선교사들의 동력을 약화시킬 수 있음을 경계하고 있다.

> 그러나 만일 한 지역에 여러 교파 선교회가 뒤섞여 선교하게 되면, 여러 교파 선교사 간에 사사로운 갈등을 야기해 선교사들의 사기를 떨어뜨리고 선교사 전체의 힘을 매우 약화시킬 것이다.[24]

---

23) Carey, 『이교도 선교방법론』, 119.
24) 위의 책.

이처럼 캐리는 선교사로 나가기도 전에 같은 지역에 두 선교회가 동시에 들어감으로써 사역의 중복, 시간과 재정과 힘의 낭비, 갈등과 분쟁이 발생하여 선교의 효율성이 감소할 수 있음을 예견하고 있다. 놀라운 점은 1820년대 이후 1930년대까지 전 세계 개신교의 거의 모든 선교지에서 교파 선교사들 간에 논의되고 시행되었던 선교지역 분할정책(comity agreement)을 캐리가 미리 내다보는 통찰력과 예지력을 갖추고 있었다는 것이다.

8) 개신교회가 분열된 상황에서는 교파별 선교회를 통한 선교를 추진할 것을 제안한다.

여러 교단으로 분열되어 있는 상황에서는 "연합하여 선교 사업을 추진하기 보다는 각 교파가 개별적으로 추진하는 것이 가장 효과적인 방법"이라고 캐리는 생각했다.[25] 즉 여러 교파로 나누어져 있는 개신교 상황을 고려할 때, 교파 간에 무리하게 연합선교 사업을 추진하기보다 각 교파 선교회를 통한 선교 사업을 추진하는 것이 낫다고 판단했다. 캐리의 이러한 제안은 현실적이고 실용주의적인(pragmatic) 측면을 고려한 것이었다.

19세기에 개신교회는 영국과 유럽과 북미에 많은 선교단체들이 설립되었고 이들 서구교회 선교부의 활발한 선교사 파송으로 전 세계적으로 폭발적인 기독교세의 확장이 일어났다. 문제는 종교개혁 이후 생겨난 개신교회의 여러 교파가 제각기 교파형 선교사를 파송함으로써 선교지(현지인)의 시각에서 볼 때 한 분이신 주님의 교회의 본질과 하나

---

25) 위의 책, 118.

의 복음에 대한 모순으로 비추어지기에 충분했다. 교파 간 차이와 분열과 경쟁의식은 선교 사업의 커다란 장애물로 작용했다. 여러 선교지에서 각기 다른 교파에서 파송된 선교사들과 선교단체들은 교파의 장벽을 완전히 없앨 수는 없었지만, 교파주의의 해악을 경감하려는 많은 노력을 기울였다. 그 대표적인 것이 선교지에서 일어난 최초의 에큐메니컬 선교 사업이라고 간주되는 교계예양(敎界禮讓)이었고 이를 바탕으로 두 교단 간에 선교구역 분할협정뿐 아니라, 연합예배나 교육 사업, 사회사업 등을 공동으로 추진하기도 했다.[26]

III. 『세람포어 선교협약문』(1805)의 선교신학

1. 『세람포어 선교협약문』의 역사적 평가

1805년 10월 7일자로 발표된 『선교협약문』(Serampore Covenant)[27]에서 인도 세람포어 선교회의 삼총사(Serampore Trio)로 불리는 윌리엄 캐

---

26) Eric G. Jay, *The Church: Its Changing Image through Twenty Centuries*, 주재용 역, 『교회론의 변천사』 (서울: 대한기독교서회, 2007), 403-404.

27) "The Serampore Form of Agreement, Respecting the great principles upon which the brethren of the Mission at Serampore, think it their duty to act in the work of instructing the heathen"는 1805년에 작성되었으며, 전문은 *Periodical Accounts of the Baptist Missionary Society 3 (1806): 198-211; The Baptist Quarterly* 12 (1947): 129-138; A. H. Oussoren, *William Carey, Especially his Missionary Principles* (Leiden: A. W. Sijthoff's, 1945), 274-284("The Bond of the Missionary Brotherhood of Serampore") 에 게재되어 있다.

리(William Carey, 1761-1834), 조슈아 마쉬맨(Joshua Marshman, 1768-1837), 윌리엄 워드(William Ward, 1769-1823)와 캐리의 큰 아들 펠릭스 캐리(Felix Carey, 1786-1822)와 그 외 5명의 신임 선교사의 공동서명으로 작성되었다. 이 선교협약문은 캐리를 필두로 총 9명의 선교사가 서명했다. 그러나 인도 최초의 선교사로서 세람포어 선교공동체를 설립한 윌리엄 캐리가 이 저술에 미친 영향력은 절대적이었다고 볼 수 있다. 이 협약문에 서명한 선교사들의 인도 도착연도와 세람포어 선교회에 합류한 연도를 살펴보면 다음과 같다.

〈표-1〉 세람포어 선교협약문(1805) 서명자[28]

선교사	캐리	마쉬맨	워드	챔버레인	마아던	비스	무어	로우	펠릭스
연도	1793	1799	1799	1802	1804	1804	1804	1804	1799

이 선교협약문은 9명의 선교사들이 공동으로 작성한 것으로 되어 있으나, 이 협약문 작성에 있어 세람포어 선교회의 고참 선교사이자 인도 선교 12년(1793 인도 도착, 1800 세람포어 이주)의 경력을 가진 캐리가 주도적인 역할을 감당하고 마쉬맨과 워드가 보조적인 역할을 한 것으로 판단된다. 왜냐하면 세람포어 삼총사 이외의 선교사들은 세람포어 선교회에 합류한 지가 1-3년에 불과하며, 펠릭스 캐리는 19살에 불과했기 때문에 커다란 영향을 끼쳤다고 보기는 힘들기 때문이다.

선교협약문에는 당시 인도 선교지에 적용할 수 있는 다양한 선교방법과 전략이 제시되어 있다. 하지만 놀라운 점은 그 내용 중에 오늘날의 선교현장에 적용할 수 있는 선교방안들이 상당수 포함되어 있다는

---

28) "The Serampore Form of Agreement," *The Baptist Quarterly* 12 (1947): 125-129.

것이다. 선교협약문은 현장 선교사들이 알아야 할 11가지 주제로 구성되어 있는데 그 가운데 중요한 내용 몇 가지를 살펴보면 다음과 같다.

2. 『세람포어 선교협약문』에 나타난 선교신학

1) 선교사는 현지인들의 세계관, 종교관, 구원관 등을 연구하여야 한다.

『세람포어 선교협약문』에서 선교사는 현지인들과 지적 대화를 위해 현지인들의 사고방식, 습관, 도덕적 가치, 예의범절, 미래의 상태, 신을 추론하는 방식, 죄와 거룩의 개념, 구원의 방법, 축제일과 노래까지 이해하는 것이 매우 중요하다고 주장한다.[29]

2) 다양한 방식으로 전도의 기회를 갖기 위해 노력하여야 한다.

선교사는 여러 가지 전도 방법을 활용하여야 하며, '때를 얻든지, 못 얻든지' 복음을 전할 기회를 얻기 위해 노력해야 한다. 마을 순회전도, 시장(market) 전도를 통해 현지인들을 부지런히 만나야 한다. 또한 선교사의 집에서 일하는 집안 하인이나 일꾼들에게도 복음을 전할 기회를 모색할 것을 제안하고 있다.[30]

---

29) 『세람포어 선교회의 선교협약문』, 128. 이하 『세람포어 선교협약문』은 Carey, 『이교도 선교방법론』, 변창욱 번역의 부록에서 인용함.

30) 위의 책, 127, 130.

3) 현지인들이 신성시하는 동물을 학대하거나 그들의 종교를 비판해서는 안된다.

인도에서 사역하는 선교사들은 힌두교도를 만날 때 그들이 섬기는 짐승을 학대해서는 안되며, 힌두교의 수많은 신들을 공개적으로 비판해서도 안된다. 힌두교의 여러 신들의 형상을 파괴해서는 안되며, 그들의 예배도 방해해서는 안된다. 힌두교도들을 복음으로 정복하려면 사랑으로 정복하여야 한다. 바울이 여러 사람에게 여러 모습이 된 것은 아무쪼록 몇 사람이라도 구원하기 위함(고전 9:19-22)이었음을 기억해야 한다.[31]

4) 선교사는 십자가에 못박혀 돌아가신 그리스도만을 전해야 한다.

선교사는 철저하게 그리스도 중심의(Christo-centric) 복음을 전해야 한다고 주장한다. 다시 말해, 예수 그리스도의 죽음과 대속교리는 선포의 주요 내용과 주제가 되어야 한다고 주장한다. 선교의 열매는 구세주의 대속적 죽음을 전할 때에 생겨나며, 그럴 때에 예수의 놀라운 구속적 사랑에 강권되어 예수 믿는 사람들이 생겨나게 된다.[32]

5) 선교사는 현지인들을 자신과 동등한 존재로 대해야 한다.

선교사는 인도 현지인들을 열등한 존재로 취급해서는 안되며, 존중

---

31) 위의 책, 129.
32) 위의 책, 130-131.

해야 하며, 현지인들이 선교사를 신뢰하고 평안하게 동역할 수 있는 관계로까지 발전되어야 한다고 주장한다. 선교사는 현지인들을 아무런 편견없이 대해야 하며, 그들의 말을 경청하며, 교만하게 행해서는 안되며, 겸손하게 대해야 한다. 선교사는 그들을 항상 자신과 동등하게(as equals) 대해야 한다.[33)]

6) 성서번역과 번역된 말씀의 반포의 중요성을 강조하고 있다.

캐리는 복음 전파와 함께 성서번역을 선교의 중요한 목표로 제시하고 있다. 그는 하나님은 선교사들에게 언어학습에 필요한 능력을 주셨다고 믿고 있다. 인도의 여러 언어권에 구원의 메시지인 하나님의 말씀을 번역하여 배포하는 일은 결코 중단되어서는 안될 선교의 목표라고 주장한다. 이처럼 캐리는 권서인의 사역을 중시하고 있으며, 전도지나 쪽복음 혹은 성경의 배포와 함께 전도용 소책자(tract) 등 모든 방법을 동원하여 하나님의 말씀을 전해주기 위한 노력을 기울일 것을 제안하고 있다.[34)]

7) 인도 복음화에 있어 현지 기독교인들의 역할이 절대적인 요소임을 강조하고 있다.

캐리는 적은 투입으로 많은 산출을 얻으려는 경제성과 효율성의 원리에 입각하여 인도 복음화에 있어 현지인 전도자들의 역할이 필수적

---

33) 위의 책, 132.

34) 위의 책, 139.

임을 강조한다. 현지 교인들은 기후와 언어에 익숙하기에 특별한 동화 과정을 필요로 하지 않으며 인도 전역을 저비용으로 돌아다니며 복음을 전할 수 있는 이점을 지니고 있다. 따라서 선교사는 현지인들의 재능과 능력을 개발하는데 혼신의 노력을 기울여야 하며, 구체적 방안으로 학교(미션 스쿨)를 설립할 것을 제안한다. 학교를 통해 양질의 지도자들을 키워낼 뿐 아니라 이들을 선교자원으로 활용할 필요가 있음을 주장한다.[35] 선교사로서 사역하면서 캐리는 "이 거대한 인도 대륙에 편만하게 복음을 전하기 위해서는 현지 전도인을 통한 방법밖에 다른 방도가 없다"는 사실을 절실히 느끼게 되었다.[36]

8) 기독교로 개종한 힌두교도들에게 기독교식의 이름을 강요하지 않았다.

캐리는 힌두교에서 기독교로 개종한 사람들이 자신들의 문화적 정체성이 명백하게 위협받는 상황을 초래해서는 안 된다고 보았다. 신약에서 사도들은 이교도에서 기독교인이 된 사람들이 이방신의 이름을 지니고 있었지만 바꾸지 않고 그대로 지니고 있었음을 지적한다. 예컨대, 에바브로디도(Epaphroditus), 아볼로(Apollo), 허메(Hermes) 등은 모두 이방신의 이름에서 유래했다는 것이다.[37] 개종자들에게 기독교식 이름

---

35) 1818년 7월 캐리는 마쉬맨, 워드와 함께 세람포어 대학(Serampore College)을 설립한다.

36) Carey, 『세람포어 선교협약문』, 135-138. 참고로, 당시 유럽 선교사 한 가정을 지원하는 재정이면 20명의 현지인 순회 전도자를 넉넉히 지원할 수 있었다(Oussoren, *William Carey, Especially His Missionary Principles*, 213).

37) 위의 책, 138. 에바브로디도는 그리스 신화의 미(美)와 사랑의 여신 아프로디테(Aphroditus)에서, 아볼로는 그리스 신화의 태양신에서, 허메는 그리스 신화의 전령의 신

을 지어주게 되면 가족과 이웃 관계에 쓸데없는 혼란을 초래하기 때문에 현명한 방법이 아니라고 주장한다. 중요한 것은 사람의 이름이나 옷이 아니라 사람 마음의 거룩한 변화라고 보았다.

캐리는 서구 문화의 일방적인 전달자가 되려고 하지 않았다. 그는 선교현장의 상황을 고려하여 개종자들이 그들이 속한 사회와 가족들로부터 고립되지 않도록 배려했다. 즉 가족이나 사회와 결별하도록 요구하는 것은 현명한 방안이 아니라고 판단했던 것이다. 그러던 중 1800년 12월 캐리는 인도 사역 7년 만에 첫 힌두교 개종자를 얻게 되는데 그의 이름은 크리쉬나 팔(Krishna Pal)이었다. 흥미로운 점은 캐리는 그가 세례를 받고 교인이 된 후에도 힌두교의 대표적인 신 이름에서 따온 크리쉬나의 이름을 그대로 사용하도록 했다는 것이다.

IV. 캐리의 두 저술(1792, 1805)에 나타난 선교신학 비교

이상에서 살펴본 윌리엄 캐리의 두 저술에 나타나 있는 캐리의 선교사상이나 선교신학의 중요한 공통점과 차이점을 비교 분석하면 다음과 같다.

1. 공통점

첫째, 캐리는 두 저술에서 '영혼 구원'이 선교목표임을 밝히고 있다.

헤르메스에서, 뵈뵈(Phoebus)는 그리스 신화의 빛의 신(Phoibos)에서 유래했다.

선교사로 나가기 전에 저술한 『이교도 선교방법론』(1792)에서 그는 '영혼구원'의 메시지를 전할 것을 역설한다. 주목할 점은 캐리가 선교사로 12년 사역한 후에 저술한 『세람포어 선교협약문』(1805)에서도 여전히 영혼 구원, 즉 그리스도 중심의 복음을 강조하고 있다는 점이다. 특히 다섯째 항목에서 "십자가에 못 박히신 그리스도만을 전할 것"을 재차 강조하고 있다.

둘째, 선교사 파송 전이나 파송 후에도 캐리는 기도의 중요성을 강조한다. 선교지에 가기 전 『이교도 선교방법론』(1792)에서 캐리는 '열렬한 연합 기도,' '월례 기도회'를 강조했다.[38] 선교현장에서 12년 사역한 후 『세람포어 선교협약문』(1805)에서도 캐리는 '열정적인 믿음의 기도는 선교사 경건의 본질'임을 강조한다. 나아가 그는 선교사들은 '정기적인 연합 기도'에 항상 힘써야 하며, "성령 안에서 간절히 기도해야 한다"고 주장한다.[39]

셋째, 결혼한 선교사를 파송하는 것이 선교에 유익한 면이 많다고 주장한다. 『이교도 선교방법론』(1792)에서 캐리는 기혼 선교사 가정을 같은 선교지로 보내면, 생활필수품 조달과 자급에 용이하기 때문에 서로 유익이 된다고 보았다.[40] 이후 『세람포어 선교협약문』(1805)에서는 결혼한 선교사 부인은 남자 선교사들이 접근할 수 없는 현지 여성들에게 구원의 메시지를 전하는 도구가 되며, 현지 여성 개종자들이 거룩

---

38) Carey, 『이교도 선교방법론』, 110-112.

39) Carey, 『세람포어 선교협약문』, 140-141.

40) Carey, 『이교도 선교방법론』, 105-106.

한 삶을 살도록 장려하는데 큰 도움이 된다고 진술하고 있다.[41] 특히 남녀의 구분이 엄격한 아시아에서 여성들에게 접근하고 여성교육을 추진하기 위해서는 서구 선교사 부인과 현지 개종자 부인들의 도움이 필요하며, 이들에게 전도부인(Bible woman)의 역할을 기대하고 있다.

넷째, 선교사에게 현지어 습득은 필수적임을 역설한다. 선교지에 나가기 전부터 『이교도 선교방법론』(1792)에서 캐리는 선교사가 현지 언어를 습득해야 한다고 주장한다. 임시로 현지인 통역을 고용할 수 있으나, 국가 간 무역을 위해서 상대방 언어를 배워야 하듯이, 선교사도 인내심을 가지고 현지어를 배워야 한다. 언어를 배우는 데에는 특별한 재능이 필요하지 않으며, 지구상의 어느 종족의 언어라도 1년 혹은 길어도 2년이면 배울 수 있다고 캐리는 주장한다.[42] 『세람포어 선교협약문』(1805)에서도 캐리는 현지어에 대한 충분한 지식은 선교사들이 필수적으로 갖추어야 할 자질이요 능력이라고 보았다.[43]

다섯째, 선교공동체를 통한 팀 선교를 이상적인 선교모델로 삼는다. 캐리는 『이교도 선교방법론』에서 최소한 두 사람을 함께 선교사로 보내는 신약성경(막 6:7)의 모델과 모라비안 선교사들의 희생적 삶과 공동체 선교를 성공적인 선교사례로 보았으며, 이를 자신의 선교모델, 특히 인도에서 자신의 선교 모델로 삼고 실천했다. 이는 캐리가 조슈아 마쉬맨(학교 사역), 윌리엄 워드(선교 출판사의 인쇄공)와 함께 시작한 '세

---

41) Carey, 『세람포어 선교협약문』, 134-135.

42) Carey, 『이교도 선교방법론』, 106-107.

43) Carey, 『세람포어 선교협약문』, 140-141.

람포어 삼총사'(Serampore Trio)를 중심으로 1800년 1월부터 덴마크 영(嶺) 세람포어에 자리 잡은 선교공동체의 형태로 실제로 추진되었다.

여섯째, 선교사는 현지인을 자신과 동등한 가치와 존엄성을 가진 인격체로 대해야 한다. 캐리는 『이교도 선교방법론』에서 선교사들이 인도사람들을 열등한 존재로 대해서는 안된다고 간단하게 언급했다. 그러나 『세람포어 선교협약문』에서 캐리는 선교사의 태도에 대해 보다 장황하고 자세히 기술한다. 북미 인디언들로부터 사랑과 신뢰를 받은 모라비안 선교사들을 언급한 후에, 선교사가 성공적인 복음전도자가 되려면 다음과 같은 자질을 지녀야 한다고 조언한다.

> 현지인들이 자신보다 열등하다고 생각하면서 이들이 자신에게 가까이 올 수 없도록 너무 거만하여 다른 사람들에게 허리를 굽히지 못하는 사람은 선교사로서 부적절하다.[44]

캐리는 현지인들이 선교사를 신뢰할 뿐 아니라 편안한 마음으로 동역할 수 있는 단계로까지 발전해야 한다고 보았다.[45] 다시 말해, 선교사는 현지인들을 갑을(甲乙)의 상명하복의 관계가 아니라 동등한 파트너로 대하는 관계가 되도록 노력해야 한다.

---

44) Carey, 『세람포어 선교협약문』, 130.

45) 위의 책, 132.

2. 차이점

첫째, 캐리의 두 저술 사이에는 저작시기와 선교현장 경험의 유무가 중요한 차이점이다. 『이교도 선교방법론』(1792)은 선교사로 나가기 전에 영국에서 연구조사를 기초로 발간한 선교 소논문이며, 『세람포어 선교협약문』(1805)은 오랜 기간 사역하고 난 후에 현장 경험을 토대로 저술했다는 중대한 차이점이 존재한다. 『이교도 선교방법론』은 87페이지인데 비해, 『세람포어 선교협약문』은 10페이지에 불과하다. 전자는 선교지 경험이 전혀 없는 상태에서 저술한 것이며, 후자는 캐리의 12년에 걸친 힘든 인도 선교사 경험이 반영되어 있다. 따라서 후자는 전자보다 훨씬 실제적이고 발전된 캐리의 선교사상과 선교전략을 엿볼 수 있는 중요한 자료라고 평가할 수 있다.

둘째, 『세람포어 선교협약문』은 선교목표를 이루기 위한 방법이 구체적으로 제시되고 있다. 캐리의 선교 목표는 두 저술에 모두 '영혼 구원'으로 나타나고 있는데, 차이점은 1805년의 『세람포어 선교협약문』에는 이러한 목표를 성취하기 위한 방법이 매우 다양하게 제시되고 있다는 것이다. 또한 두 저술에 나타나 있는 결정적 차이는 선교지 경험 유무에 따른 것이며, 그 결과 선교협약문에는 현장 선교사로서의 경험이 잘 반영되어 있으며, 선교현장에서 효과가 잘 검증된 선교방법이 소개되고 있다. 따라서 시행착오를 최대한 줄일 수 있는 선교방법과 모범을 제공하고 있다고 볼 수 있다.

셋째, 『이교도 선교방법론』에서 캐리는 이방인 개종의 방법으로 선교회 조직을 제안했을 뿐, 구체적인 선교방법이나 전략을 제안하지는 못했다. 이에 비해 1805년 저술한 『세람포어 선교협약문』에서는 보다 실제적인 다양한 선교방법과 전략을 엿볼 수 있다. 즉 선교협약문에서 캐리는 12년의 현장 경험을 통해 어린이를 위한 무료학교 설립, 인도의 여러 지방언어로 성경을 번역할 것과 전도지, 전도용 소책자(tract) 배포, 학교 설립을 통한 교육사업, 빠른 시기 내에 자립하는 현지교회 설립 등 실제적이고 현장에서 검증된 다양한 선교방안을 제안하고 있다. 이처럼 선교협약문에는 성서번역, 교육선교와 같은 선교목표가 분명하게 세워져 있다. 특히 이 목표는 캐리의 선교사역에 있어 우선적으로 강조되던 전략이었으며, 오늘날까지도 중요한 선교전략 중의 하나로 수용되고 있다. 이처럼 위의 두 저술은 캐리의 선교사상과 선교신학이 어떻게 변했는가를 보여주는 매우 중요한 자료이다.

넷째, 『세람포어 선교협약문』에서 캐리는 인도 복음화를 위한 현지 기독교인들의 역할과 책임을 강조하고 있다. 두 저술의 가장 큰 차이점은 『이교도 선교방법론』(1792)에서는 인도 복음화를 위한 현지 기독교인들의 역할을 거의 강조하지 않는데 반해, 『세람포어 선교협약문』(1805)에서는 현지 기독교인들의 다양한 기능과 역할을 매우 구체적으로 설명하는 데 있다.[46] 그 이유는 선교현장에서 사역을 하는 가운데 캐리는 서구 선교사들의 역할이 매우 제한적임을 깊이 인식했기 때문이다. 현지 기독교인들은 현지 기후와 언어, 문화와 관습에 익숙하며 방대한 인도 대륙을 복음화하기 위해서는 현지인의 도움이 절대적임

---

46) Brian Stanley, *The History of the Baptist Missionary Society* (Edinburgh: T & T Clark, 1992), 47.

을 역설하고 있다. 정리하면, 캐리는 저비용 고효율의 이유를 근거로 현지인 사역자를 통한 선교가 최상의 선교전략이라고 주장한다.

V. 캐리가 남긴 에큐메니컬 선교운동의 유산

1. 기독교 역사상 최초로 초교파 선교사대회를 제안했다.

1806년 5월 15일 캐리는 "전 세계에서 사역하는 모든 개신교파의 선교사들을 위한 선교사 모임"을 10년 마다 가질 것을 제안하면서, 그 첫 모임을 1810년이나 늦어도 1812년에 희망봉에서 개최하자고 했다.[47] 앞서 살펴보았듯이, 인도 선교사로 가기 전에 캐리는 『이교도 선교방법론』에서 타교파 선교사와의 협력 사업을 추진하기보다 각 교파 선교회를 통한 선교를 현실적인 방안으로 보았다.

그러나 12년의 사역을 마친 1806년에 캐리는 타교파 선교사들과 협력의 필요성과 중요성을 절실히 느끼게 되었다. 해외선교는 한 교파의 힘만으로는 감당할 수 없는 거대한 사업임을 인식하게 되었고, 이후 선교는 교파를 초월한 모든 개신교회가 연합하고 협력하여 감당해야 할 과업임을 깨닫게 되었다. 그리하여 초교파 선교협력, 즉 에큐메니컬 선

---

47) E. D. Potts, *British Baptist Missionaries in India, 1793-1837* (London: Cambridge University Press, 1967), 53; Kenneth S. Latourette, *These Sought A Country* (New York: Harper & Brothers Publishers, 1950), 34-35. 다음의 글도 참고하라. 김은수, "1910년 에딘버러 선교대회의 상황과 선교적 의미," 「선교신학」 제24집 (2010): 7; 김은수, "2010년 케이프타운 로잔3차대회의 의미와 과제," 「선교신학」 제26집 (2011): 38.

교사대회를 개최하여 현장의 선교 현안을 논의할 필요성을 절박하게 느끼게 되었다.

2. 선교지에서 초교파 선교협력의 필요성을 느꼈다.

캐리는 선교현장에서 사역하면서 교파를 뛰어넘어 협력해야 한다는 협력선교의 당위성과 중요성을 인식했다. 그는 공동의 과제인 세계복음화를 이루기 위해 타교파 선교사들과 긴밀한 협력이 필요하며 그들을 동역자로 간주하며, 사소한 불일치는 문제가 되지 않을 것이라고 보았다. 그리하여 모든 교파 선교사들이 한 자리에 모여 선교 현안들과 과제 해결을 위해 서로 논의하고 협력할 '세계선교사대회'가 필요한 이유를 다음과 같이 역설했다.

> 우리는 2년 혹은 3년에 걸친 편지 왕래보다도 2시간의 대화를 통해 다른 선교사들을 더 잘 이해할 수 있게 되고, 또한 다른 선교사의 입장에서 서로를 더 깊이 깨닫게 된다.[48]

---

48) Eustace Carey, *Memoir of William Carey, D.D., Late Missionary to Bengal, Professor of Oriental Languages in the College of Fort William, Calcutta* (Boston: Gould, Kendall and Lincoln, 1836), 364; Ruth Rouse, "William Carey's Pleasing Dream," *International Review of Mission* 38 (April 1949): 181-192; Kenneth S. Latourette, "Ecumenical Bearings of the Missionary Movement and the International Missionary Council," in Ruth Rouse and Stephen Neill, eds., *A History of the Ecumenical Movement, 1517-1948* (London: SPCK, 1954), 355; K. S. Latourette, *These Sought A Country*, 35.

캐리는 왜 남아프리카 희망봉에서 선교사대회를 갖자고 제안했을까? 케이프(Cape) 타운은 유럽과 아시아 아프리카의 여러 선교지에서 당시의 주요 교통수단인 배편으로 왕래하기에 가장 용이한 해상교통의 중심지이자 중간 기착지였다.[49] 1795년 영국 식민지로 편입된 이후, 런던선교회가 남아프리카 최초 선교사로 파송한 네덜란드 의사 출신의 반 데르 켐프(John Theodosius van der Kemp)가 사역하고 있던 곳이기도 했다. 또한 1801년 초부터 인도의 캐리는 케이프타운의 반 데르 켐프(van der Kemp)와 서신 왕래를 해오고 있었다. 케이프타운에서 세계선교사대회를 개최해도 좋겠다고 확신하게 된 캐리는 마침내 전 세계의 모든 개신교 선교사를 위한 선교사대회를 10년마다 개최하되 그 첫 번째 모임을 1810년에 갖자고 제안하게 된 것이다.[50]

3. 캐리의 초교파 선교정신은 에큐메니컬 운동을 통해 계승되고 있다.

1793년 인도에 간 이후 12년간 사역하면서 여러 교파 선교사들을 만

---

49) 1497년 포르투갈의 바스코 다가마(Vasco da Gama)가 희망봉을 발견한 이후, 1652년 케이프타운은 인도네시아로 항해하는 네덜란드의 선박들에게 물과 식량을 보급해주는 네덜란드 동인도회사의 중간 기착지로 개척되었다. 1795년 케이프타운은 네덜란드의 통치에서 영국 관할로 넘겨졌다.

50) S. Pearce Carey, *William Carey* (London: The Carey Press, 1934), 268-269; Latourette, *These Sought A Country*, 35. 캐리의 제안에 대해 영국 침례회 선교부 총무 앤드루 풀러(Andrew Fuller)는 '듣기에는 좋지만 꿈같은 이야기(pleasing dream)'라며 무시해 버렸다. 나아가 "모든 교파가 모이는 선교사대회에서는 하나 되기가 어렵다며, 하나가 되지 못할 바에는 차라리 집에 머무르는 편이 낫다."고 말하기까지 했다.

나 교제하면서[51] 캐리는 초교파적인 선교 협력 없이는 선교가 불가능함을 깊이 인식했다. 그리하여 1806년 캐리는 모든 개신교파를 아우르는 선교사 대회를 남아프리카 케이프타운에서 1810년에 개최할 것을 제안한다. 당시에 허망해 보였던 캐리의 초교파 세계선교사대회의 꿈과 비전은 50년이 채 지나지 않아 이루어지기 시작했다. 1850년대에 접어들면서 세계 주요 선교지에서 지역별 선교사대회가 개최되기 시작했기 때문이다. 1854년 뉴욕의 연합 선교사대회, 1878년과 1888년에 런던 선교사대회, 1900년 뉴욕 에큐메니컬 선교사대회, 1910년 에딘버러 세계선교사대회 등이 대표적이다.

그 후 캐리의 제안대로, 선교지의 제반 문제를 토의하기 위해 모든 교파 선교사들이 참여하는 선교사대회가 10년마다 개최되기 시작했다. 그 중 에딘버러 세계선교사대회(1910)는 캐리가 선교대회를 제안한 지 100년 만에 그의 초교파 선교대회의 열망이 실현되는 대회가 된 셈이었다. 이처럼 1806년에 캐리가 세계선교사대회 개최를 제안한 이후 그의 초교파 선교협력의 정신은 20세기에 본격화된 에큐메니컬 운동의 신앙유산으로 이어지고 있다. 그리하여 영국의 선교역사가 브라이언 스탠리(Brian Stanley)는 캐리의 초교파 협력 제안은 여러 교파로 분열되어 있는 개신교 상황(realism)과 에큐메니컬 이상주의(idealism)를 절충시킨 현실적 방안으로 평가했다.[52]

---

51) 캐리는 인도에서 영국 성공회의 동인도회사 사목 헨리 마틴(Henry Martyn, 1781-1812), 스코틀랜드 장로교회의 선교사 알렉산더 더프(Alexander Duff, 1806-1878) 등과 친분을 쌓았다.

52) Stanley, *The History of the Baptist Missionary Society*, 21.

VI. 맺는 말

캐리는 영국 침례회 선교사로서 1793년부터 41년 간 인도에서 사역했다. 그는 해외선교는 교회가 순종해야 할 선교 명령이라는 사실을 다시 확신시켜 주었다. 그의 선교 열정과 헌신을 통해 '위대한 세기'로 불리는 19세기에 전 세계적인 선교운동이 확산되게 된다. 이를 계기로 독일어 사용국에 의해 주도되어 오던 개신교 선교운동의 주도권이 영국과 미국의 영어 사용국으로 넘어 가게 된다. 기독교 선교역사에 기념비적인 저술인 『이교도 선교방법론』(1792)은 캐리의 선교사상과 신학을 엿볼 수 있는 1차 자료이긴 하지만, 그의 선교신학을 반영하는 유일한 자료라고 단정해서는 안된다. 이 자료에는 그의 선교사 경험이 전혀 반영되어 있지 않기 때문이다. 따라서 이 초기 저술은 12년의 선교사역을 경험한 후에 저술한 『세람포어 선교협약문』(1805)과 비교하며 살펴보아야 한다. 중요한 점은 초기 저술에서 추상적으로 기술되었던 선교방법이 후기 저술에서는 인도의 역사, 문화, 풍습 등 선교현지의 상황에 적합한 선교전략과 방법으로 구체화되어 나타난다는 것이다.

캐리는 선교사로 가기 전부터 교파를 초월하여 모든 그리스도인들이 협력해야 한다는 생각을 갖고 있었다. 그러나 인도 선교지에서 초교파 협력의 필요성을 더 깊이 깨닫게 되었다. 그리하여 모든 개신교 선교사들이 한 자리에 모여 선교현장의 문제를 논의하는 초교파(혹은 에큐메니컬) 선교사대회를 제안한 것이다. 캐리는 선교 역사상 최초로 통계자료를 이용하여 선교의 필요성을 역설했다. 그는 당시 교회에 만연하던 극단적 예정론과 선교 무용론을 극복하고 근대 개신교 선교운동의 물꼬를 튼 선구자였다. 세계 복음화는 한 교단에 의해 성취될 수 없으며 전 교회가 연합하여 감당해야 할 과업으로 이해했기에 그는 개신교 역사상 최초로 세계선교사대회를 제안했다. 그의 초교파 선교협력의 비전은 1910년 에딘버러 세계선교사대회에서 성취된 이후, 세계 도처에서 개최되는 선교사 대회를 통해 지금도 이루어지고 있다. 시대를 앞서가는 선교주창자로서 캐리는 신학적 논증을 통해 주님의 선교 명령은 아직도 취소되지 않은 명령임을 상기시킨다. 캐리의 두 저술은 220여 년이 지난 지금도 한국교회와 세계교회에 선교현장에서 초교파 선교협력의 당위성, 선교사와 현지 리더십과의 바람직한 관계형성, 현지인 리더십 개발의 중요성, 선교지에서 학교 설립을 통한 현지인 양육, 성서번역의 필요성과 같은 많은 선교적 도전과 과제를 던져주고 있다.

참고 문헌

김은수. "1910년 에딘버러 선교대회의 상황과 선교적 의미." 「선교신학」 제24집 (2010): 1-26.

_____. "2010년 케이프타운 로잔3차대회의 의미와 과제." 「선교신학」 제26집 (2011): 37-67.

Barrett, David B. and Todd M. Johnson. *World Christian Trends, AD 30-AD 2200: Interpreting the annual Christian megasensus.* Pasadena, CA: William Carey Library, 2001.

Bosch, David. *Transforming Mission: Paradigm Shifts in Theology of Mission.* New York: Orbis Books, 1991.

Carey, Eustace. *Memoir of William Carey, D.D., Late Missionary to Bengal, Professor of Oriental Languages in the College of Fort William, Calcutta.* Boston: Gould, Kendall and Lincoln, 1836.

Carey, S. Pearce. *William Carey.* London: The Carey Press, 1934.

Carey, William./변창욱 옮김. *An Enquiry into the Obligations of Christians, To Use Means for the Conversion of the Heathens. In Which the Religious State of the Different Nations of the World, the Success of Former Undertakings, and the Practicability of Further Undertakings, Are Considered,* 『이교도 선교방법론』. 서울: 야스미디어, 2021.

Chaney, Charles L. *The Birth of Missions in America.* South Pasadena: William Carey Library, 1976.

Cracknell, Kenneth. *Justice, Courtesy and Love: Theologians and Missionaries Encountering World Religions, 1846-1914.* London: Epworth Press, 1995.

Jay, Eric G./주재용 역. *The Church: Its Changing Image through Twenty Centuries,* 『교회론의 변천사』. 서울: 대한기독교서회, 2007.

Johnstone, Patrick. *Operation World: The Day-by-Day Guide to Pray for the World.* Grand Rapids, MI: Zondervan Publishing House, 1993.

_____. "Operation World – A Tool for Missions." *Missiology: An International Review* 27 (January 1999): 21-26.

Kane, J. Herbert. *A Concise History of the Christian World Mission.* Grand Rapids, MI: Baker Book House, 1982.

Latourette, Kenneth S. *These Sought A Country.* New York: Harper & Brothers Publishers, 1950.

_____. "Ecumenical Bearings of the Missionary Movement and the International Missionary Council." In Ruth Rouse and Stephen Neill, eds. *A History of the Ecumenical Movement*, 1517-1948. London: SPCK, 1954.

Oldham, J. H., and G. A. Gollock. "A Missionary Survey of the Year 1917." *International Review of Missions* 7 (1918): 3-58.

Oussoren, A. H. *William Carey, Especially his Missionary Principles.* Leiden: A. W. Sijthoff's, 1945.

Periodical Accounts of the Baptist Missionary Society 3 (1806): 198-211.

Potts, E. D. *British Baptist Missionaries in India, 1793-1837.* London: Cambridge University Press, 1967.

Rouse, Ruth and Stephen Neill, eds. *A History of the Ecumenical Movement, 1517-1948.* London: SPCK, 1954.

Rouse, Ruth. "William Carey's Pleasing Dream." *International Review of Mission* 38 (April 1949): 181-192.

"The Serampore Form of Agreement." *The Baptist Quarterly* 12 (1947): 125-129.

Smith, George. *The Life of William Carey, D.D., Shoemaker and Missionary.* London: R. & R. Clark, 1885.

Stanley, Brian. *The History of the Baptist Missionary Society.* Edinburgh: T & T
    Clark, 1992.

Strong, Esther B. and A. L. Warnshuis, eds. *Directory of Foreign Missions:*
    Missionary Boards, Societies, Colleges, Cooperative Councils, and Other
    Agencies of the Protestant Churches of the World. New York: International
    Missionary Council, 1933

Verkuyl, J. *Contemporary Missiology: An Introduction.* Grand Rapids, MI: William B.
    Eerdmans Publishing Company, 1978.

Warneck, Gustav. "Zum Jubiläumsjahr der evangelischen Mission." *Allgemeine*
    Missions-Zeitschrift 19 (1892): 3-4.

Winter, Ralph 외 2인 편저./변창욱 역. 『퍼스펙티브스 1: 세계 기독교 선교운동의 역사적
    관점』. 경기: 도서출판 예수전도단, 2010.

1761년	영국 노스햄턴셔에서 출생(8월 17일). 아버지 에드먼드 캐리(Edmund Carey)는 직조공으로 있다가 후에 학교 교장이 됨
1775년	피딩턴에서 구두 수선공 견습 시절 동료 존 워(John Warr)의 전도로 예수 믿음
1781년	도로시 플래킷(Dorothy Plackett)과 결혼(6월 10일)
1783년	노스햄턴에서 존 라일런드(John Ryland, Jr.) 목사에게 세례 받음(10월 5일)
1785년	몰턴(Moulton) 침례교회의 안수받지 않은 설교자로 청빙 받음(3월)
1789년	레스터(Leicester) 하비 레인에서 목회 시작
1791년	캐리 안수 받음(5월)
1792년	『이교도 선교방법론』 출판(5월 12일). 개신교 교파별로 선교회 결성을 제안
	노팅햄의 침례교 목회자 모임에서 이사야 54:2-3을 본문으로 "하나님으로부터 위대한 일을 기대하고, 하나님을 위하여 위대한 일을 시도하라."고 외침(5월 30일) "Expect great things from God; Attempt great things for God."
	침례교 선교회(총무: 앤드루 풀러) 결성 10월 2일
1793년	도로시와 어린 자녀 3명은 영국에 두고, 큰 아들 펠릭스(8세), 존 토마스(John Thomas)와 함께 덴마크 함선(크론 프린세사 마리아)으로 인도로 출발(6월 13일)
1794년	5개월의 항해 끝에 인도 캘커타 도착(11월 10일)
	선더반즈 정글의 데바타에 잠시 정착
	인디고 농장 지배인으로 일하기 위해 말다 근처의 무드나배티로 이주(6월 15일)
	다섯 살의 아들 피터가 무드나배티에서 이질로 사망. 이후 도로시의 우울증과 정신병이 점점 심해짐
1797년	벵갈어 신약 성경(초판) 완성
	윌리엄 워드, 조수아 마쉬맨, 브룬스던 미국 상선(크라이티어리언)으로 인도로 출발 (5월 24일)
	인도 캘커타 도착(10월 11일)
1800년	덴마크 영(領) 세람포어 정착(1월 10일). 윌리엄 워드(교사), 조수아 마쉬맨(인쇄공)과 세람포어 선교회(Serampore Mission) 조직
	7년 만에 첫 개종자 힌두교도 크리쉬나 팔(Krishna Pal)에게 세례줌 (12월)

1801년	세람포어 출판사에서 최초의 벵갈어 신약성경 출판(2월 7일)
	캘커타의 포트 윌리엄 대학 교수(산스크리트, 벵갈, 마라티어)로 임명 (4월 8일), 동인도회사 직원 언어 교육
1802년	첫 무슬림 개종자에게 세례 줌
1805년	세람포어 선교 협약문 채택(10월 7일)
1806년	남아프리카 희망봉에서 1810년부터 10년마다 전세계 교파 선교사대회 개최 제안 (5월 15일)
1807년	맏아들 펠릭스(Felix Carey)를 안수하여 미얀마 선교사로 보냄
	산스크리트어 신약성경 출판
	미국 브라운 대학에서 명예 신학 박사 학위(D.D.) 받음
	아내 도로시 죽음 (12월 8일)
1808년	아내 도로시 사후 다섯 달 만에 샤롯 루모어(Charlotte Rumohr)와 결혼(5월 8일)
1809년	벵갈어 성경 번역 완성(6월 24일)
1812년	세람포어 인쇄소 화재로 번역 원고와 인쇄기 소실(3월 11일)
1813년	영국 동인도회사 정관 개정되어 선교사 입국 허용
1814년	아들 야베스(Jabez Carey)를 몰루카 제도의 암보이나 선교사로 안수하여 파송
1815년	앤드루 풀러(Andrew Fuller) 죽음. 침례교 선교회와 세람포어 선교회 사이에 긴장이 고조됨
1818년	세람포어 대학(Serampore College) 설립
1820년	인도 원예 농업협회 창설(9월 4일)
1821년	두 번째 부인 샤롯 죽음(5월 30일)
1822년	장남 펠릭스(1786-1822) 36세에 사망
1823년	17년 연하인 그레이스 휴즈(Grace Hughs)와 세 번째 결혼. 그레이스는 1835년 사망
	윌리엄 와드 사망(4월)
1829년	벵갈 지역에 사티(Sati) 제도 폐지령 발표(12월 4일)
1830년	캘커타 은행 파산으로 세람포어 선교회 경제적 어려움
1834년	캐리 73세의 나이에 죽음(6월 9일)

선이
교교
방도
법
론

펴낸 날   2021년 3월 10일 1판 1쇄

지은이   윌리엄 캐리
옮긴이   변창욱
펴낸이   허복만
펴낸곳   야스미디어

편집   레마북스
디자인   신경애

등록번호   제 10-2569호
주소   서울특별시 영등포구 양산로 193 남양빌딩 310호
전화   02-3143-6651
팩스   02-3143-6652
이메일   yasmedia@hanmail.net
홈페이지   www.yasmedia.net
         yasmedia.modoo.at

ISBN   978-89-91105-93-5 (93230)
정가   12,000원